plurall

CB136201

Parabéns!
Agora você faz parte do **Plurall**, a plataforma digital do seu livro didático!
Acesse e conheça todos os recursos e funcionalidades disponíveis para as suas aulas digitais.

Baixe o aplicativo do **Plurall** para Android e IOS ou acesse **www.plurall.net** e cadastre-se utilizando o seu código de acesso exclusivo:

AASJA73B9

Este é o seu código de acesso Plurall. Cadastre-se e ative-o para ter acesso aos conteúdos relacionados a esta obra.

@plurallnet

@plurallnetoficial

SOMOS EDUCAÇÃO

WILLIAM ROBERTO CEREJA

Professor graduado em Português e Linguística e licenciado em Português pela Universidade de São Paulo (USP)

Mestre em Teoria Literária pela Universidade de São Paulo (USP)

Doutor em Linguística Aplicada e Análise do Discurso pela PUC-SP

Professor da rede particular de ensino em São Paulo, capital

CAROLINA DIAS VIANNA

Professora graduada e licenciada em Português pela Universidade Estadual de Campinas (Unicamp)

Mestra em Linguística Aplicada pela Universidade Estadual de Campinas (Unicamp)

Doutora em Linguística Aplicada pela Universidade Estadual de Campinas (Unicamp)

Professora das redes pública e particular de ensino nos Estados de São Paulo e Minas Gerais

Gramática Reflexiva

9

Ensino Fundamental
Anos Finais

Atual Editora

Atual Editora

Presidência: Guilherme Alves Melega

Vice-presidência de educação digital: Camila Montero Vaz Cardoso

Direção editorial: Lidiane Vivaldini Olo

Gerência de conteúdo e design educacional: Julio Cesar Augustus de Paula Santos

Gestão e coordenação de área: Renato Luiz Tresolavy

Edição: Paula Junqueira e Ingrid Favoretto Falcão

Aprendizagem digital: Renata Galdino (ger.), Beatriz de Almeida Pinto Rodrigues da Costa (coord. Experiência de Aprendizagem), Carla Isabel Ferreira Reis (coord. Produção Multimídia), Daniella dos Santos Di Nubila (coord. Produção Digital), Rogerio Fabio Alves (coord. Publicação)

Planejamento e controle de produção: Flávio Matuguma (ger.), Juliana Batista (coord.), Renata Caroline de Oliveira Mendes (analista) e Jayne Ruas (analista)

Revisão: Letícia Pieroni (coord.), Aline Cristina Vieira, Anna Clara Razvickas, Carla Bertinato, Carolina Guarilha, Daniela Lima, Danielle Modesto, Diego Carbone, Elane Vicente, Gisele Valente, Helena Settecerze, Kátia S. Lopes Godoi, Lilian M. Kumai, Luana Marques, Luíza Thomaz, Malvina Tomáz, Marília H. Lima, Paula Freire, Paula Rubia Baltazar, Paula Teixeira, Rafael Simeão, Raquel A. Taveira, Ricardo Miyake, Shirley Figueiredo Ayres, Tayra Alfonso, Thaise Rodrigues e Thayane Vieira

Arte: Fernanda Costa da Silva (ger.), Kleber de Messas (líder de projeto) e Carlos Roberto de Oliveira (edição de arte)

Diagramação: Arte4 Produção Editorial

Iconografia e tratamento de imagem: Roberta Bento (ger.), Iron Mantovanello Oliveira, Thaisi Albarracin Lima e Cristina Akisino (pesquisa iconográfica), Fernanda Crevin (tratamento de imagens)

Licenciamento de conteúdos de terceiros: Roberta Bento (ger.), Jenis Oh (coord.), Liliane Rodrigues, Raísa Maris Reina, Sueli Ferreira e Cristina Akisino (analistas de licenciamento)

Ilustrações: Biry Sarkis, Filipe Rocha e Jean Galvão

Design: Erik Taketa (coord.) e Gustavo Vanini (proj. gráfico e capa)

Foto de capa: Freepik

Avenida Paulista, 901, 6º andar – Bela Vista
São Paulo – SP – CEP 01310-200
http://www.somoseducacao.com.br

Dados Internacionais de Catalogação na Publicação (CIP)

Cereja, William Roberto
Gramática reflexiva 9 : ensino fundamental : anos finais / William Roberto Cereja, Carolina Dias Vianna. -- 6. ed. -- São Paulo : Atual Editora, 2024.

Bibliografia
ISBN 978-65-5945-130-2 (aluno)
ISBN 978-65-5945-134-0 (professor)

1. Língua portuguesa - Gramática (Ensino Fundamental) I. Título II. Vianna, Carolina Assis Dias

CDD 372.61
23-1393

Angélica Ilacqua – Bibliotecária – CRB-8/7057

2024

6ª edição
1ª impressão
CAE: 820958 (aluno)
CAE: 820978 (professor)
ISBN: 978-65-5945-130-2 (aluno)
ISBN: 978-65-5945-134-0 (professor)
De acordo com a BNCC.

Dados Internacionais de Catalogação na Publicação (CIP)

Cereja, William Roberto
Gramática reflexiva 9 [livro eletrônico] : ensino fundamental : anos finais / William Roberto Cereja, Carolina Dias Vianna. -- 6. ed. -- São Paulo : Atual Editora, 2024.
PDF

Bibliografia
ISBN 978-65-5945-149-4 (aluno)
ISBN 978-65-5945-153-1 (professor)

1. Língua portuguesa - Gramática (Ensino Fundamental) I. Título II. Vianna, Carolina Assis Dias

CDD 372.61
23-1397

Angélica Ilacqua – Bibliotecária – CRB-8/7057

2024

Impressão e acabamento: EGB Editora Gráfica Bernardi Ltda.

Uma publicação SOMOS EDUCAÇÃO

APRESENTAÇÃO

Caro estudante,

Esta gramática foi escrita para você, falante da língua portuguesa. Para você que interage com outras pessoas, expressando suas opiniões, seus desejos, seus sentimentos e suas ideias.

Para você que se surpreende com os inúmeros significados de uma palavra ou expressão.

Para você que, mesmo diante de um texto difícil, não desiste de tentar compreendê-lo.

Para você que se diverte com palavras, expressões e frases de duplo sentido.

Para você que tem sempre, na ponta da língua, estas perguntas: "O que isso significa?", "Por quê?".

Para você que gosta de ler e de escrever.

Para você que gosta de falar e de ouvir, trocando ideias.

Para você que se liga num anúncio publicitário, num meme e em textos criativos no geral, que "jogam" com a linguagem.

Para você que, dependendo da situação, sabe usar tanto uma linguagem descontraída e informal quanto uma linguagem formal, de acordo com a norma-padrão da língua.

Para você que transita entre textos de variados gêneros: didáticos, instrucionais, publicitários, jornalísticos, literários, científicos, etc.

Para você que sabe que o sentido de um texto não é construído apenas pelo que é dito, mas também pelo que não é dito e pelo contexto em que se diz.

Enfim, esta gramática foi escrita para ajudar você a aprimorar sua capacidade de uso da língua portuguesa e, assim, tornar-se mais hábil em suas interações com o mundo, seja lendo, seja produzindo textos, orais ou escritos.

Um abraço,
Os Autores.

A um amigo.

Agradecimentos

Agradecemos o empenho e o cuidado de toda a equipe editorial — Renato Luiz Tresolavy, Paula Carolina C. Junqueira e Ingrid Favoretto Falcão — e a primorosa pesquisa iconográfica de Cristina Akisino.

Os Autores.

SUMÁRIO

Filipe Rocha/Acervo da editora

CAPÍTULO 1

Biry Sarkis/Acervo da editora

CAPÍTULO 2

CAPÍTULO 3

CAPÍTULO 4

Filipe Rocha/Acervo da editora

CAPÍTULO 5

Biry Sarkis/Acervo da editora

CAPÍTULO 6

CAPÍTULO 7

CAPÍTULO 8

Jean Galvão/ Acervo da editora

CAPÍTULO 9

Jean Galvão/ Acervo da editora

CAPÍTULO 10

CAPÍTULO 1

Período simples e período composto

Construindo o conceito

Leia os textos de campanha a seguir:

Reprodução/CSJT

(Disponível em: https://portal.trt23.jus.br/portal/noticias/justi%C3%A7a-do-trabalho-lan%C3%A7a-nova-campanha-de-combate-ao-trabalho-infantil. Acesso em: 30/5/2023.)

Reprodução/MPT

(Disponível em: https://www.osguedes.com.br/2018/06/10/sin-comunicacao-cria-mais-uma-forte-campanha-de-combate-ao-trabalho-infantil-2/. Acesso em: 30/5/2023.)

1. A respeito dos textos, responda:

a) O que eles têm em comum?

b) Quem é (são) o(s) locutor(es) ou o(s) responsável(is) pela divulgação dos textos?

c) A quem os textos se destinam?

2. Ambos os textos são construídos com base na relação entre linguagem verbal e linguagem não verbal. Sobre o primeiro texto, responda:

a) Como são a bandeja e o garfo que estão no centro do texto?

b) Que contraste esses elementos formam com os demais elementos visuais do texto?

c) Explique a relação entre a parte visual e a parte verbal do texto.

3. Em relação ao segundo texto:

a) O que mostra a imagem desse texto?

b) O que representa o boneco da imagem?

Reprodução/MPT

c) Explique a relação entre a parte visual e a parte verbal do texto.

4. Os dois textos têm objetivos comuns e fazem uso de estratégias argumentativas semelhantes. Qual deles você acha mais impactante e persuasivo? Por quê?

5. Considere estas frases do primeiro texto:

"Não leve na brincadeira.
Trabalho infantil é ilegal."

Você já aprendeu que período simples é uma unidade linguística constituída de uma única oração e que período composto é uma unidade linguística constituída de duas ou mais orações. O que define a oração é a presença de verbo.

a) Quantas formas verbais foram empregadas em cada uma das frases destacadas acima? Identifique-as.

b) Logo, quantas orações há em cada uma delas?

c) As frases formam períodos simples ou períodos compostos?

6. Agora, considere a frase principal do segundo texto:

"Quando a infância é perdida, não tem jogo ganho."

a) Quantas formas verbais foram empregadas nessa frase? Identifique-as.

b) Logo, quantas orações há nela?

c) A frase forma um período simples ou um período composto?

7. Leia as frases a seguir:

- "Chega de trabalho infantil."
- "Denuncie: Disque 100."

Elas são formadas por um período simples ou por um período composto? Justifique sua resposta.

Conceituando

Período simples e período composto

Nos exercícios, você viu que há frases formadas por uma única oração e frases formadas por duas ou mais orações. Para cada oração, existe um verbo correspondente. Assim, frases como "Chega de trabalho infantil" apresentam um único verbo; logo, há uma única oração na frase, que também pode ser chamada de **período simples**.

Já a frase "Quando a infância é perdida, não tem jogo ganho" apresenta duas formas verbais (**é perdida** e **tem**) e, por isso, é formada por duas orações. Quando um período apresenta mais de uma oração, dizemos que ele é um **período composto**.

Período é a unidade linguística ou a frase organizada em uma ou mais orações, podendo ser:

- **simples**, quando constituído de uma única oração;
- **composto**, quando constituído de duas ou mais orações.

Exercícios

Leia o texto de curiosidade a seguir:

Como os cachorros se comunicam entre si

Jerome Quek/Shutterstock

A exemplo dos lobos, os cachorros, que são seus descendentes, também se comunicam pela voz. Eles não conseguem uivar, mas latem. Cada latido tem um significado diferente. Existem latidos específicos para medo, raiva, fome, paquera e muito mais. Outra maneira muito importante de comunicação é pelo xixi. Os cachorros urinam em vários locais como postes, árvores e rodas de carro. Isso serve para deixar sua marca. Quando passa e sente o cheiro, o outro cachorro sabe que aquele pedaço "já tem dono".

Tem mais: para se comunicar, os cães cheiram os traseiros uns dos outros. Eles possuem um olfato altamente desenvolvido. Estima-se que seu focinho seja entre 10 mil e 100 mil vezes mais sensível do que o nariz humano. Ao encostar seus focinhos no bumbum de outro cão, eles coletam uma grande quantidade de informações sobre o animal — tipo de comida consumida, gênero e até o estado emocional. Esta linguagem química é composta de vários ácidos graxos voláteis e o aroma pode mudar de acordo com a genética e o sistema imunológico do animal.

(Marcelo Duarte. Disponível em: https://www.guiadoscuriosos.com.br/animais/como-os-cachorros-se-comunicam-entre-si/. Acesso em: 4/4/2023.)

1. De acordo com o texto, de que formas os cães se comunicam entre si?

____

____

2. O texto é composto de dois parágrafos.

a) Que aspectos do tema são abordados em cada um deles?

____

____

b) De acordo com o segundo parágrafo, qual capacidade do cão se destaca em relação ao ser humano?

____

____

3. Observe como os parágrafos se estruturam em períodos e orações.

a) Quantos períodos tem o primeiro parágrafo?

b) E quantos tem o segundo parágrafo?

c) Que sinal de pontuação delimita os períodos?

4. O título do texto constitui um período simples ou composto?

5. Releia este trecho do texto:

> "A exemplo dos lobos, os cachorros, que são seus descendentes, também se comunicam pela voz. Eles não conseguem uivar, mas latem. Cada latido tem um significado diferente."

Divida o trecho em períodos, sublinhe os verbos e responda:

a) Quantas orações tem o primeiro período? Ele é um período simples ou composto?

b) Quantas orações tem o segundo período? Ele é um período simples ou composto?

c) E o terceiro período? Ele é um período simples ou composto?

6. Releia estas frases do segundo parágrafo:

- "Eles possuem um olfato altamente desenvolvido."
- "Estima-se que seu focinho seja entre 10 mil e 100 mil vezes mais sensível do que o nariz humano."
- "Esta linguagem química é composta de vários ácidos graxos voláteis e o aroma pode mudar de acordo com a genética e o sistema imunológico do animal."

a) Qual das frases é um período simples?

b) Quantas orações há na segunda frase? Justifique sua resposta.

c) Quantas orações há na terceira frase? Qual delas está na voz passiva? Passe-a para a voz ativa.

Período composto por coordenação e por subordinação

Leia, a seguir, um poema e uma tira.

Cronologia

Prometeu fidelidade,
me encheu de filhos
e caiu no mundo

(Noé Ribeiro. *Coisas da vida*. São Paulo: Estúdio Editores, 2017. p. 48.)

Jean Galvão/Acervo da editora

© Armandinho, de Alexandre Beck/Acervo do cartunista

(Alexandre Beck. *Armandinho seis*. Florianópolis: A. C. Beck, 2015. p. 55.)

1. A respeito do poema "Cronologia", responda:

a) Quem é o eu lírico, ou seja, de quem é a voz que fala no texto?

b) O sujeito dos verbos é desinencial. Infira: De quem o eu lírico fala?

c) Justifique o título do poema.

2. A respeito da estrutura sintática dos versos do poema, responda:

a) Quantos períodos tem o texto? O(s) período(s) é (são) simples ou composto(s)? Justifique sua resposta.

b) Examine as orações, observando seus termos: sujeito, verbos, complementos, adjuntos. Cada uma delas possui independência sintática ou uma complementa a outra? Justifique sua resposta.

3. A respeito da tira, é possível considerar que a construção do humor reside principalmente na ambiguidade da palavra **sonho**.

a) Geralmente, o que se compreende quando alguém diz que tem um sonho? E quando diz que realizou um sonho?

b) Na tira, a palavra **sonho** tem o sentido apontado por você no item **a**? Conclua: Qual é o sentido da expressão "realizei um sonho" no contexto?

4. Em um dos quadrinhos da tira, há um período composto.

a) Identifique-o.

b) Examine a relação entre as orações do período composto. Cada uma delas tem independência sintática ou uma complementa a outra? Justifique sua resposta.

Observe a estrutura sintática das orações que formam o poema "Cronologia":

	VTD OD			OD VTDI OI
(Ele)	Prometeu fidelidade,		(Ele)	me encheu de filhos
suj. desinencial	predicado		suj. desinencial	predicado

		VI adj. adverbial
e	(ele)	caiu no mundo
	suj. desinencial	predicado

Perceba que cada uma das orações apresenta os termos fundamentais: sujeito, predicado, verbo, objetos e adjunto. Por isso, uma oração não desempenha uma função sintática em relação à outra. Elas são independentes sintaticamente e, por isso, o período é chamado de **período composto por coordenação**.

Observe, agora, a estrutura sintática desta frase da tira:

	VTD	
[Eu]	sonhei	que fiz xixi na cama...
sujeito desinencial	predicado	oração que desempenha a função de objeto direto da forma verbal **sonhei**

© Armandinho, de Alexandre Beck/Acervo do cartunista

O período é formado por duas orações, e a segunda complementa sintaticamente a outra, isto é, desempenha a função de objeto direto da forma verbal **sonhei**. Como as duas orações são dependentes sintaticamente uma da outra, dizemos que se trata de um **período composto por subordinação**.

Assim, podemos ter:

Período composto por coordenação: as orações apresentam independência sintática entre si e são chamadas de **coordenadas**.

Período composto por subordinação: uma oração funciona como termo de outra, sendo esta denominada **oração principal** e aquela, **oração subordinada**; as orações denominam-se **subordinadas**.

Exercícios

1. Leia o problema a seguir e tente resolvê-lo.

Caçadores de patos

Dois pais e dois filhos saíram para caçar patos. Cada um deles acertou em um pato e nenhum atirou no mesmo. Entretanto, somente três patos foram abatidos. Como foi isso?

(Heliana Brandão e Maria das Graças V. G. Froeseler. *O livro dos jogos e das brincadeiras para todas as idades*. Belo Horizonte: Leitura, 1997. p. 74.)

Jean Galvão/Acervo da editora

2. O texto apresenta quatro frases. Examine-as sintaticamente e responda:

a) Quais delas são períodos simples?

b) E quais são períodos compostos?

3. Examine os períodos compostos.

a) Qual deles é período composto por coordenação?

b) E qual é período composto por subordinação?

4. Leia, agora, o cartum a seguir.

© Biratan/Acervo do cartunista

VOCÊ ENTENDEU BEM QUANDO FALEI QUE DEVIAS ADMINISTRAR MELHOR O SEU TEMPO?

a) Supostamente, qual é a relação profissional dos dois personagens do cartum?

b) O humor do cartum é construído em torno dos sentidos da expressão "administrar melhor o seu tempo". Deduza: Qual era o sentido pretendido pelo homem de terno verde ao empregar essa expressão?

c) De que forma o homem sentado compreendeu a expressão?

5. Observe a estrutura sintática da frase que integra o cartum.

a) Quantos verbos ou locuções verbais existem na frase? Logo, ela constitui um período simples ou composto?

b) Examine a relação existente entre as orações do período. Há dependência ou independência sintática entre elas? Logo, trata-se de um período composto por coordenação ou por subordinação?

O período simples e o período composto NA CONSTRUÇÃO DO TEXTO

Leia este poema de Ulisses Tavares:

UAU!

Fiquei olhando, perguntando,
Sondando, assuntando,
ciscando você.
E quando dei por mim...
Já estava amando.

(*Diário de uma paixão*. São Paulo: Geração Editorial, 2003. s/p.)

Filipe Rocha/Acervo da editora

1. O poema trata do início de um relacionamento amoroso.

a) De acordo com o texto, como aconteceu o início do amor?

b) O título do poema justifica sua resposta anterior? Por quê?

2. O poema é constituído de apenas duas frases. Observe a primeira frase.

a) Quantas orações ela apresenta?

b) As orações são coordenadas ou subordinadas entre si?

c) Logo, que tipo de período compõe a primeira frase do poema?

3. Observe agora a segunda frase do poema.

a) Quantas orações ela apresenta?

____

b) Uma das orações estabelece, em relação à outra, uma noção temporal. Qual é essa oração?

____

c) Logo, como se classifica o período formado pela segunda frase?

____

4. Observe que, na primeira frase, há uma sucessão de orações e locuções verbais com verbo principal no gerúndio: **fiquei olhando**, **(fiquei) perguntando**, **(fiquei) sondando**, **(fiquei) assuntando**, **(fiquei) ciscando**. O que sugere essa sequência no processo de descoberta do amor?

____

____

____

5. Como conclusão do estudo, marque as alternativas verdadeiras com **V** e as alternativas falsas com **F**.

- [ ] No início do poema, o interesse pela pessoa amada se dá num longo processo de ações constantes, contínuas e complementares, representadas por orações coordenadas.
- [ ] No início do poema, o emprego de verbos no gerúndio confere ao despertar do amor a noção de processo, de ações que lenta e continuamente se repetem e se somam.
- [ ] No início do poema, o predomínio de orações coordenadas, que formam um período simples, é compatível com a linearidade das ideias e das ações do eu lírico.
- [ ] Na segunda frase, a chegada ou a constatação do amor, que implica uma relação de interdependência dos amantes, coincide com a presença de uma oração subordinada, que, por sua vez, também implica uma interdependência sintática entre as orações.
- [ ] O predomínio da subordinação em todo o poema é compatível com a ideia de relacionamento amoroso, que também pressupõe uma interdependência dos amantes.

Para que servem o período simples e o período composto?

Quando se quer escrever um texto de forma mais direta e "enxuta" e atingir um público amplo ou heterogêneo, emprega-se preferencialmente o período simples ou o período composto por coordenação.

Quando o que se tem a dizer é complexo e, além disso, se pretende atingir um público que domine estruturas mais elaboradas da língua, pode-se empregar também o período composto, principalmente o composto por subordinação.

SEMÂNTICA E DISCURSO

Leia este poema de Carlos Drummond de Andrade:

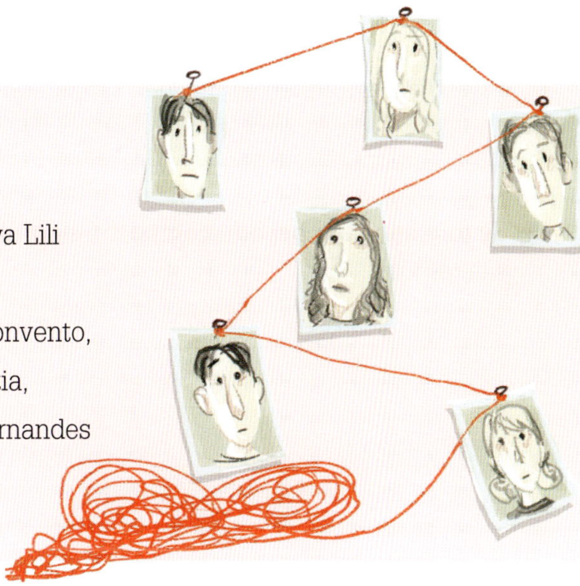

Filipe Rocha/Acervo da editora

Quadrilha

João amava Teresa que amava Raimundo
Que amava Maria que amava Joaquim que amava Lili
Que não amava ninguém.
João foi para os Estados Unidos, Teresa para o convento,
Raimundo morreu de desastre, Maria ficou para tia,
Joaquim suicidou-se e Lili casou com J. Pinto Fernandes
Que não tinha entrado na história.

(*Reunião*. 10. ed. Rio de Janeiro: José Olympio, 1980. p. 19.)

1. O poema recebeu o título "Quadrilha". Essa palavra apresenta vários sentidos no dicionário.

a) Qual é o sentido dela no poema?

____

____

____

b) Por que se pode dizer que o poema narra as histórias de uma "quadrilha sentimental"?

____

____

____

c) Que ponto de vista o poema expressa a respeito do amor?

____

____

____

d) Você concorda com esse ponto de vista? Por quê?

____

____

____

2. Observe os primeiros três versos do poema.

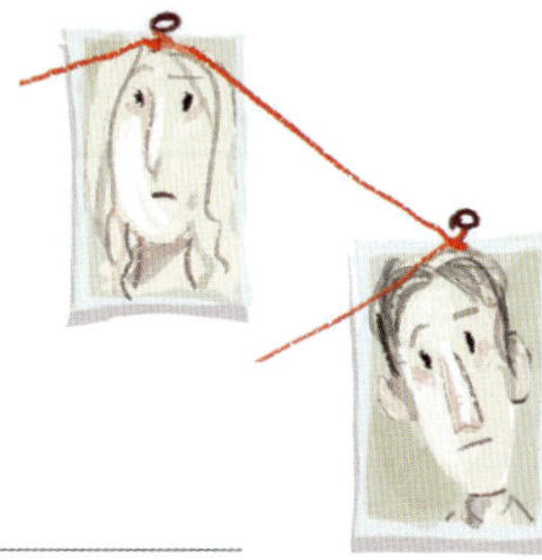

Filipe Rocha/Acervo da editora

a) Quantas orações há nesses versos?

b) Essas orações formam um período simples ou composto?

c) Se formarem um período composto, é composto por coordenação ou por subordinação? Justifique sua resposta.

3. Agora, observe os quatro versos finais do poema.

a) Quantas orações há no período formado por esses versos?

b) O período é simples ou composto?

4. Observe que, nos últimos quatro versos, há o predomínio de orações coordenadas.

a) Qual é a única oração subordinada nesses versos?

b) O conteúdo da oração que você identificou no item **a** expressa uma mudança em relação ao destino de todos os amantes do poema? Explique.

c) Que conclusão se pode tirar a respeito do amor, tomando como base a história de Lili e J. Pinto Fernandes?

5. Como conclusão da leitura do poema, marque a(s) afirmativa(s) correta(s):

- [ ] Predominam no poema orações coordenadas, ou seja, orações independentes sintaticamente, o que coincide com a independência sentimental dos personagens citados no poema.
- [ ] A constante subordinação existente no poema sugere, no plano amoroso, uma relação de dependência ou complementariedade, isto é, aquele que ama se prende à pessoa amada pelo amor e dela depende para se completar e ser feliz.
- [ ] O predomínio de orações subordinadas no poema sugere uma crítica às relações de subordinação existentes no amor, em que um se sobrepõe ao outro.
- [ ] As relações sintáticas de coordenação existentes no poema sugerem, no plano amoroso, relações de complementariedade, pois é nessas orações que o amor se realiza plenamente.

6. Às vezes, por razões de estilo, síntese ou clareza, evitamos o emprego de conjunções. É possível fazer isso por meio de alguns procedimentos sintáticos. Veja estes exemplos:

- Meu desejo é **que você conclua seus estudos**.
- Meu desejo é **você concluir seus estudos**.
- Meu desejo é **a conclusão de seus estudos**.

Faça o mesmo: Reescreva as frases a seguir, eliminando a conjunção **que** e empregando o verbo no infinitivo; depois, transforme o verbo em um substantivo. Faça as adaptações necessárias.

a) É importante **que todos colaborem com a preservação do meio ambiente**.

b) Foi bom **que você tenha participado da reunião**.

c) Os estudantes esperaram **que anoitecesse para dar início à viagem**.

d) É necessário **que você participe do campeonato**.

7. Compare as três versões de cada frase escrita da questão 6, troque ideias com os colegas e o professor e levante hipóteses: Que diferenças de sentido há entre elas?

8. O texto que segue apresenta períodos compostos longos e com excesso de **quês**. Dê uma nova redação a ele, fazendo uso de diferentes recursos — período simples, período composto por coordenação, verbo no infinitivo, substantivos no lugar de verbos, supressão de palavras ou de trechos —, para eliminar o maior número possível de **quês**.

Logo vi que aquela senhora que estava no fundo da sala queria que eu me aproximasse para que ela pudesse me dizer que não poderia ficar até o fim da conferência que eu estava dando, uma vez que ela não estava se sentindo bem. Assim que me aproximei, notei que ela estava pálida mais do que o normal e que outras pessoas que também estavam na sala esperavam ansiosamente que eu tomasse uma providência que desse fim àquela situação.

PARA ESCREVER COM expressividade

A versificação

Leia este poema de Gilberto Mendonça Teles:

Arte de amar

(Fragmentos)

§ 2. Amor dá e amordaça,
denso e doce, **soturno**.
Mas só tu, amor, danças
no abril do **plenilúnio**.

Amor dói como um doido,
como um **dardo**, uma doença,
dói tudo como todo
mal sem pé nem cabeça.

Amor doído, doendo,
doando e até doindo
pelas pontas dos dedos
como um dado perdido.
[...]

(*Falavra*. Lisboa: Dinalivro, 1989. p. 67.)

Biry Sarkis/Acervo da editora

dardo: arma constituída por uma haste de madeira munida de uma ponta de ferro.
plenilúnio: lua cheia.
soturno: melancólico, tristonho, sombrio.

1. O poema tematiza o amor. De modo geral, como o eu lírico sente o amor?

2. Observe, na primeira estrofe, como o eu lírico descreve o amor.

a) Que efeitos de sentido são criados a partir da aproximação de palavras como "dá e amordaça" e "denso e doce, soturno"?

b) A imagem criada pelos dois últimos versos dessa estrofe expressa uma visão positiva ou negativa acerca do amor? Justifique sua resposta.

c) Qual palavra estabelece oposição entre as ideias dos dois primeiros versos e as ideias dos dois últimos versos?

3. Para caracterizar o amor, o eu lírico faz uso de comparações.

a) A que o amor é comparado na segunda estrofe?

b) E a que é comparada a dor do amor na terceira estrofe?

4. Na poesia, os poetas têm liberdade para criar e recriar palavras e produzir novos efeitos de sentido.

a) Qual palavra do poema é um **neologismo**, ou seja, uma palavra inventada pelo poeta?

b) Que sentido esse neologismo auxilia a construir no poema para expressar os sentimentos do eu lírico a respeito do amor?

Poesia e poema

[...] As duas palavras vêm do grego e, nessa língua, a terminação "sis" (de poeSIA) serve para dar nome a uma ação ou atividade, enquanto "ma" (de poeMA) indica o produto dessa atividade. Trocando em miúdos, poema é produto, algo concreto, que podemos ler, enquanto poesia se refere à arte em geral, de maneira abstrata. Levando isso em conta, um livro de poesia (assim mesmo, no singular) pode conter trinta poemas (e nunca trinta poesias). [...]

(Ricardo da Cunha Lima. *De cabeça para baixo*. São Paulo: Companhia das Letrinhas, 2000. p. 54.)

5. O poema é organizado em estrofes, ou seja, em grupos de versos (linhas poéticas) separados por um espaço em branco.

a) Quantas estrofes há no poema?

b) Quantos versos há em cada estrofe?

6. O poema é bastante melódico, sonoro. Observe que existe semelhança sonora (rima) entre as palavras **amordaça** e **dança**. Quais outras palavras do poema apresentam o mesmo tipo de semelhança?

7. Os poemas, como as canções e as danças, apresentam ritmo, recurso que reforça a musicalidade geral do texto. Releia em voz alta a seguinte estrofe do poema, percebendo como as sílabas destacadas são mais fortes do que as outras, criando ritmo.

"Amor **dá** e amor**da**ça
denso e **do**ce, so**tur**no.
Mas só **tu**, amor, **dan**ças
no **abril** do pleni**lú**nio."

Biry Sarkis/Acervo da editora

Faça o mesmo em relação à segunda estrofe do poema. Releia esse trecho em voz alta e identifique quais são as duas sílabas mais fortes de cada verso.

8. Além da rima e do ritmo, é comum na linguagem poética a repetição de sons, sílabas, palavras e até versos inteiros.

a) Qual é o fonema consonantal que se repete com frequência no poema "Arte de amar"?

b) Quais palavras desse poema apresentam semelhanças quanto ao som e à grafia?

Além das figuras de linguagem, muitos outros elementos participam da construção de um poema. Entre eles estão, por exemplo, ritmo, métrica, repetição de sons, palavras e versos, que são chamados de **recursos musicais**. O elemento básico das composições em verso é o ritmo, e o procedimento de compor um texto em versos é chamado de **versificação**.

Verso e estrofe

O poema "Arte de amar" tem doze versos.

Verso é uma sucessão de palavras, sílabas ou fonemas que formam uma unidade rítmica e melódica; geralmente corresponde a uma linha do poema.

Os versos organizam-se em **estrofes**. No poema em estudo, por exemplo, os versos agrupam-se em três estrofes.

De acordo com o número de versos que apresentam, as estrofes recebem as seguintes denominações: dístico (dois versos); terceto (três versos); quadra ou quarteto (quatro); quintilha (cinco); sexteto ou sextilha (seis); sétima ou septilha (sete); oitava (oito); nona (nove); décima (dez).

Métrica

A **métrica** é a medida dos versos, isto é, o número de sílabas poéticas que os versos apresentam. Essas sílabas nem sempre coincidem com as sílabas gramaticais, pois se baseiam na forma como o poema é falado ou declamado. O procedimento de contar o número de sílabas poéticas de um verso chama-se **escansão**.

Compare a divisão silábica gramatical, isto é, a divisão silábica comum, à escansão de um verso:

- Divisão silábica gramatical

co	mo	um	dar	do,	u	ma	do	en	ça,
1	2	3	4	5	6	7	8	9	10

- Divisão silábica poética

co	mo um	dar	do, u	ma	do	en	ça,
1	2	3	4	5	6	7	

Note que, na divisão silábica poética, a segunda sílaba é formada pela união das sílabas gramaticais **co** e **um**; e a quarta sílaba é formada pela união das sílabas **do** e **u**. Isso ocorre sempre que há o encontro de uma vogal átona do final de uma palavra com a vogal da palavra seguinte. Além disso, na divisão silábica poética, a contagem para na última sílaba tônica, que, no caso desse verso, é a sílaba **en**.

De acordo com o número de sílabas poéticas que apresentam, os versos recebem as seguintes denominações: **monossílabo** (uma sílaba), **dissílabo** (duas), **redondilha menor** ou **pentassílabo** (cinco), **redondilha maior** ou **heptassílabo** (sete), **octossílabo** (oito), **decassílabo** (dez), **alexandrino** (doze), etc.

No século XX, os poetas modernos criaram o verso livre, isto é, um verso sem nenhuma medida predeterminada.

Observe a seguir os versos livres de um poema de Chico Araújo:

Dois lados

escrita a escrita
finda o ato escritor
espera-se o ato leitor

dois lados do objeto texto
formação e compreensão dos nexos
gumes digestos ou indigestos

a palavra, centelha impressa,
que interpretação encerra?
— janela que abre ou que fecha?

(*Entre versos, sombras e assombros*. Fortaleza: Radiadora, 2022. p. 55.)

Filipe Rocha/Acervo da editora

Soneto & cia.

Existem poemas que sempre apresentam a mesma estrutura de construção. São os chamados poemas de formas fixas. Entre outros, é o caso do **soneto**, formado por quatorze versos, organizados em duas quadras e dois tercetos; do **rondó**, formado por uma quintilha seguida de um terceto e outra quintilha; do **haicai**, um poema de origem japonesa formado por três versos, o primeiro e o terceiro com cinco sílabas e o segundo com sete sílabas poéticas. Veja este exemplo de haicai, do poeta Cyro A. Catta Preta.

Escamas

Na ponta do anzol
a isca. Um peixe belisca...
Rebrilhos ao sol...

(*Moenda dos olhos*. São Paulo: Atual, 1986. p. 41.)

Filipe Rocha/Acervo da editora

Exercícios

Leia este poema de Marcelo Gama:

Como estudar?

Toda a gente me diz: Marcelo estuda!
mas como hei de estudar, pensando em ti?
Há duas horas que este livro abri,
e espero em vão que o raciocínio acuda.

Página 36... nada entendi.
Volto a reler aquilo que já li:
de ti meu pensamento não se muda.

"Marcelo estuda!" E leio, e leio...
Mas para quê? Se a tudo fico alheio,
como se lesse alguma língua estranha...

Deixo o livro, sem ter nada entendido.
E que sei eu, de tudo que foi lido?!
— que és a mulher mais linda que o sol banha!

(*In*: Vera Aguiar, Simone Assumpção, Sissa Jacoby (org.). *Poesia fora da estante 2*. Porto Alegre: Projeto, 2002. p. 41.)

Filipe Rocha/Acervo da editora

1. O eu lírico tenta fazer uma atividade, mas tem dificuldades.

a) O que ele tenta fazer?

b) Por que ele não consegue?

c) Levante hipóteses: Que idade deve ter o eu lírico? Por quê?

2. Observe a estrutura formal do poema.

a) Quantas estrofes ele apresenta?

b) Quantos versos tem cada estrofe?

c) A forma do poema se assemelha à de algum tipo de poesia tradicional? Justifique sua resposta.

3. Faça a escansão de alguns versos do poema.

a) Conclua: Qual é a métrica adotada pelo poeta?

b) Essa métrica se mantém no verso "Página 36... Nada entendi."?

4. Agora, observe a sonoridade do poema.

a) Ele apresenta palavras com sons finais semelhantes? Se sim, dê alguns exemplos.

b) Foram empregadas palavras ou partes de versos repetidos? Se sim, exemplifique.

Agora, leia a primeira estrofe de dois diferentes poemas de cordel.

A greve dos bichos

Muito antes do Dilúvio
era o mundo diferente,
os bichos todos falavam
melhor do que muita gente
e passavam boa vida,
trabalhando honestamente.
[...]

(Severino Milanês da Silva. Disponível em: https://www.culturagenial.com/cordel-nordestino-poemas/. Acesso em: 12/5/2023.)

O romance do pavão misterioso

Eu vou contar uma história
De um pavão misterioso
Que levantou voo na Grécia
Com um rapaz corajoso
Raptando uma condessa
Filha de um conde orgulhoso.
[...]

Jean Galvão/Acervo da editora

(José Camelo de Melo Resende. *Idem, ibidem.*)

5. A estrutura formal adotada pelos dois poetas é uma das mais utilizadas na literatura de cordel. Compare os dois textos quanto à forma.

a) Quantos versos tem cada estrofe?

____

b) Qual é a métrica utilizada nesses versos?

____

c) Como se organizam as rimas desses versos?

____

d) A estrutura de rimas é a mesma utilizada nos dois textos?

____

6. Segundo especialistas, um bom haicai deve apresentar as seguintes características:

- Ter 17 sílabas poéticas, distribuídas em três versos, de 5, 7 e 5 sílabas.
- Fazer referência à natureza.
- Referir-se a um evento particular (ou seja, não fazer uma generalização).
- Apresentar o evento como se estivesse acontecendo no presente, e não no passado.

Leia estes dois haicais:

Bucolismo

Canção matinal.
Campinas. Vacas turinas.
Cheiro de curral.

(Abel Pereira. Disponível em: http://www.antoniomiranda.com.br/poesia_brasis/bahia/abel_pereira.html. Acesso em: 12/5/2023.)

Filipe Rocha/Acervo da editora

viver é superdifícil
o mais fundo
está sempre na superfície

(Paulo Leminski. *Toda poesia*. São Paulo: Companhia das Letras, 2013. p. 347.)

a) Os poemas contêm as características do haicai indicadas acima? Justifique sua resposta.

b) Dê uma interpretação ao haicai de Paulo Leminski. Em seguida, compartilhe-a com os colegas.

c) Crie você também um haicai e leia-o para os colegas.

Outros recursos poéticos

Além da métrica, os poemas contam com outros recursos: a rima, o ritmo, a aliteração e a assonância.

Rima

A **rima** é um recurso musical baseado na semelhança sonora entre as palavras no final dos versos e, às vezes, no interior deles (rima interna). Observe as rimas nestes versos de Marcelo Gama que você leu anteriormente:

"Toda a gente me diz: Marcelo estuda!	A
mas como hei de estudar, pensando em ti?	B
Há duas horas que este livro abri,	B
e espero em vão que o raciocínio acuda."	A

Indicando com a letra A os sons terminados em **-uda** e com a letra B os sons terminados em **-i**, obtemos o esquema ABBA.

Observe que o primeiro verso rima com o quarto, e o segundo, com o terceiro. Quando isso ocorre, temos **rimas interpoladas**. Quando o esquema de rimas é ABAB, temos **rimas cruzadas** ou **alternadas**; quando AABB, **rimas emparelhadas**.

Os versos que não apresentam rima entre si são chamados **versos brancos**. Veja um exemplo:

ciclo
vicioso

minha namorada sempre sonha que namora
seu namorado antigo minha ex-namorada
sempre sonha que me namora e eu, desconfiado,
tenho feito tudo para não sonhar...

(Cacaso. *In*: Eucanaã Ferraz (org.). *A lua no cinema e outros poemas*. São Paulo: Companhia das Letras, 2011. p. 63.)

Filipe Rocha/Acervo da editora

Ritmo

O **ritmo**, no poema, é a marcação melódica que nasce da alternância entre sílabas acentuadas e não acentuadas, isto é, sílabas pronunciadas com maior ou menor intensidade.

Observe o ritmo nos versos abaixo, de Jarid Arraes. As sílabas acentuadas (fortes) estão destacadas.

Patas vazias

Não nas**ci** do meu cor**del**
Das pa**la**vras não sur**gi**
Dessas **ri**mas retor**ci**das
Que con**si**go suge**rir**
Sou um **bi**cho limi**ta**do
De sen**ti**do putre**fa**to
Que pre**ten**de resis**tir**.
[...]

(Heloísa Buarque de Hollanda (org.). *As 29 poetas hoje*. São Paulo: Companhia das Letras, 2021. p. 136.)

O ritmo e outras linguagens

O ritmo não é exclusividade da poesia. Ele também existe na música e nas artes visuais, desde que haja alternância ou repetição regular de algum elemento. Na imagem ao lado, por exemplo, o ritmo é criado pela regularidade dos quadrados que formam as janelas.

Sergey Bezgodov/Shutterstock

> Fachada de um prédio em Moscou, Rússia.

Aliteração

Aliteração é a repetição constante de um mesmo fonema consonantal. Observe, nestes versos de Lélia Coelho Frota, a aliteração dos fonemas /p/ e /s/.

Ensaio

A equilibrista
despe a pele
por braços e pernas
dorso
em avesso
na travessia arriscada
de ser.

[...]

(*Boa companhia: poesia*. São Paulo: Companhia das Letras, 2003. p. 55.)

Biry Sarkis/Acervo da editora

Assonância

Assonância é a repetição constante de um fonema vocálico. Observe, no mesmo poema de Lélia Coelho Frota, o emprego da assonância com a repetição do fonema vocálico /a/.

[...]

Bicho que arrasta
patas, cara de gente,
boca
de gata.

[...]

(*Idem, ibidem.*)

Filipe Rocha/Acervo da editora

Exercícios

Leia este poema de Chacal:

Malhas do mundo

vertigem da imagem
volúpia da carne
voragem da grana

as malhas do mundo são

(Vários autores. *Boa companhia*. São Paulo: Companhia das Letras, 2003. p. 124.)

Biry Sarkis/Acervo da editora

1. A palavra **malha** pode apresentar vários sentidos. Consulte um dicionário e verifique, entre as acepções do verbete, qual delas é mais adequada ao contexto.

2. O poema se caracteriza pela síntese.

a) Quantas estrofes contém?

b) Quantos versos há em cada estrofe?

3. O poema não apresenta rimas. Mesmo assim, os versos têm uma forte musicalidade.

a) Qual é a métrica utilizada nesses versos?

b) Como se dá o ritmo neles?

4. Além do ritmo, o poema apresenta musicalidade em razão da presença da aliteração e da assonância. Explique como elas ocorrem no texto.

5. O último verso tem uma estrutura diferente da apresentada nos versos anteriores.

a) Analise sintaticamente a relação entre os versos. Qual é o sujeito da forma verbal **são**?

b) Que figura de linguagem se verifica na estrutura sintática da oração que forma o poema?

6. Com o título de "Malhas do mundo", o poema faz uma síntese dos valores do mundo contemporâneo. Explique quais são.

Leia, a seguir, um poema de Fernando Pessoa, um dos principais poetas em língua portuguesa:

Tenho tanto sentimento
Que é frequente persuadir-me
De que sou sentimental,
Mas reconheço, ao medir-me,
Que tudo isso é pensamento,
Que não senti afinal.

Temos, todos que vivemos,
Uma vida que é vivida
E outra vida que é pensada,
E a única vida que temos
É essa que é dividida
Entre a verdadeira e a errada.

Qual porém é verdadeira
E qual errada, ninguém
Nos saberá explicar;
E vivemos de maneira
Que a vida que a gente tem
É a que tem que pensar.

(*Obra poética*. Rio de Janeiro: Aguilar, 1965. p. 172-173.)

Filipe Rocha/Acervo da editora

7. Na primeira estrofe, o eu lírico faz uma reflexão a respeito de seus sentimentos. Ele se reconhece uma pessoa sentimental? Se não, de que forma ele experiencia suas emoções?

8. Releia a segunda e a terceira estrofes do poema.

a) Para o eu lírico, quantas e quais são as vidas que vivemos?

b) Levante hipóteses: O que pode ser a vida pensada?

c) E o que é a vida vivida?

9. A respeito da terceira estrofe, responda:

a) Segundo o eu lírico, a vida que vivemos "é dividida/ Entre a verdadeira e a errada". Explique os sentidos possíveis das palavras **verdadeira** e **errada** nesse contexto.

b) Os três versos finais dessa estrofe confirmam ou negam o predomínio do pensamento citado na primeira estrofe?

10. Observe a estrutura do poema: estrofes, número de versos e métrica.

a) Quantas estrofes o poema tem?

b) Quantos versos há em cada estrofe?

c) Faça a escansão de alguns versos e conclua: Eles são metrificados ou livres? Justifique sua resposta.

11. Em relação aos recursos musicais do poema, responda:

a) Há rimas no poema? Se sim, qual é seu esquema rítmico?

b) Há aliterações e assonâncias no poema? Justifique sua resposta com elementos do texto.

c) Há, no poema, palavras repetidas ou palavras semelhantes no som e na escrita? Justifique sua resposta com elementos do texto.

DE OLHO NA escrita

Questões notacionais da língua

Leia estes memes:

Karramba Production/Shutterstock

Tetyana Kaganska/Shutterstock

1. Preencha as lacunas dos memes com a palavra **meio** ou **meia**, de acordo com a norma-padrão.

2. Qual é o sentido da(s) palavra(s) que você empregou nos memes?

☐ metade ☐ um pouco ☐ bastante

3. Qual é a classe gramatical da palavra ou expressão que você marcou no exercício anterior?

____

4. Compare os memes. O que eles têm em comum?

____

Há, na língua portuguesa, várias palavras e expressões que nos deixam em dúvida quanto ao emprego adequado, principalmente quando queremos produzir textos de acordo com a norma-padrão. Conheça alguns casos de problemas notacionais de nossa língua.

Meio ou meia?

Observe o emprego de **meio** e **meia** nestas frases:

- O bebê comeu **meio** mamão e **meia** maçã. (adjetivos)
- Pedro é **meio** tímido com os colegas de outras classes. (advérbio)
- A professora ficou **meio** aborrecida com o resultado da avaliação dos alunos. (advérbio)

A palavra **meio** pode ser adjetivo ou advérbio. Quando adjetivo, tem o sentido de "metade" e concorda em gênero com o substantivo a que se refere. Quando advérbio, tem o sentido de "um pouco" e, de acordo com a norma-padrão, fica invariável, isto é, apresenta-se sempre no masculino e no singular.

A cerca de, acerca de ou há cerca de?

A cerca de significa "a uma distância de":

Campinas fica **a cerca de** uma hora de automóvel da capital.

Acerca de significa "sobre":

Os professores conversavam **acerca de** materiais pedagógicos.

Há cerca de significa "faz ou existe(m) aproximadamente":

Moro nesta casa **há cerca de** dez anos.

Afim ou a fim?

Afim é adjetivo e significa "próximo, semelhante"; dessa palavra deriva o substantivo **afinidade**. Veja:

Não houve discordância entre os debatedores: suas ideias eram **afins**.

A fim faz parte da locução prepositiva **a fim de**, que indica finalidade:

Ela saiu bem cedo **a fim de** não perder o primeiro ônibus.

Ao invés de ou em vez de?

Ao invés de indica oposição, situação contrária:

Você devia ficar feliz, **ao invés de** triste.

Em vez de indica substituição, troca:

(*Folha de S.Paulo*, 17/11/2011.)

A par ou ao par?

A par de equivale a "ciente, informado, prevenido"; em geral, é usado com o verbo **estar**. Veja:

Sinto muito, mas não estou **a par da** programação da TV hoje.

Ao par emprega-se em relação a câmbio; indica título ou moeda de valor idêntico:

Já faz alguns anos que o real não está **ao par** do dólar.

Exercícios

Leia os dois textos a seguir:

Coleta de lixo noturna será antecipada nos dias 24 e 31 de dezembro

Nos próximos sábados, dias 24 e 31 de dezembro, a coleta de lixo noturna será feita em horários especiais. **Ao invés de** iniciar às 19h, os trabalhos serão adiantados e começarão a partir das 17h. Portanto, os coletores passarão em cada um dos bairros onde já acontece a coleta duas horas antes do normal. [...]

(Disponível em: https://jundiai.sp.gov.br/noticias/2022/12/21/coleta-de-lixo-noturna-sera-antecipada-nos-dias-24-e-31-de-dezembro/. Acesso em: 15/5/2023.)

Quem inventou o cartão-postal?

Ele surgiu como uma simples pegadinha!

Por Emilãine Vieira para Estúdio ABC

O mais antigo cartão-postal de que se tem notícia foi enviado em 1840 pelo escritor londrino Theodore Hook para... Ele mesmo! Hook gostava de pregar peças e decidiu fazer uma pegadinha com os carteiros mandando um desenho, **ao invés do** tradicional envelope. A imagem, colorida à mão, é uma caricatura do serviço postal, que mostra escribas e um grande tinteiro. [...]

(Disponível em: https://super.abril.com.br/mundo-estranho/quem-inventou-o-cartao-postal/. Acesso em: 15/5/2023.)

Reprodução/Wikipedia/Wikimedia Commons 2.0

› Cartão-postal de Theodore Hook.

1. O emprego da expressão "ao invés de", nos dois textos, está de acordo com a norma-padrão? Justifique sua resposta.

2. Em relação ao segundo texto, responda:

a) O que a frase "Ele mesmo!" sugere sobre a expectativa da autora do texto em relação ao destinatário do cartão?

b) Por que o envio do primeiro cartão-postal é caracterizado como uma "pegadinha" pelo texto?

3. Leia a tira a seguir, com os personagens Linus, Schroeder e Snoopy:

(Disponível em: https://licensing.andrewsmcmeel.com/features/pe?date=1964-10-19. Acesso em: 15/5/2023.)

a) Por que, no último quadrinho, Schroeder afirma que mudou de ideia?

b) O uso da expressão "a fim de" está de acordo com a norma-padrão no contexto empregado? Explique sua resposta.

4. Complete as frases com uma das formas indicadas entre parênteses, de acordo com o contexto e com as regras da norma-padrão:

a) Conversamos por longas horas e ficamos ______________ do que ocorreu nos últimos anos. (a par — ao par)

b) Trocamos nosso dinheiro ______________ da moeda local. (a par — ao par)

c) Você está atrasado! A reunião começou ______________ quarenta minutos. (a cerca de — acerca de — há cerca de)

d) Na reunião, tratamos ______________ assuntos relacionados apenas aos alunos presentes. (a cerca de — acerca de — há cerca de)

5. Leia as frases abaixo. Depois, assinale aquela em que há uma palavra ou expressão empregada em desacordo com a norma-padrão.

☐ O evento teve o apoio de empresários, empreendedores e afins.

☐ Carla está meia indecisa sobre como realizar a tarefa.

☐ Não aguento mais esperar, estou na fila há cerca de duas horas.

☐ Ele treinou muito no último ano a fim de competir nos jogos estudantis.

DIVIRTA-SE

Reprodução/Twitter

(Disponível em: https://twitter.com/MeiaTriste/status/1143694129324613633?cxt=HHwWgoC_4Yjwm98fAAAA. Acesso em: 30/5/2023.)

Período composto por coordenação — as orações coordenadas

·CAPÍTULO· 2

Construindo o conceito

Leia este texto de propaganda:

(Câmara Municipal de Campo Grande (MS), em parceria com o Gabinete de Gestão Integrada de Trânsito (GGIT). Disponível em: https://camara.ms.gov.br/eventos/campanha-para-reforcar-cuidados-no-transito-sera-lancada-pela-camara-na-terca-feira/. Acesso em: 18/5/2023.)

1. O texto foi produzido pela Câmara Municipal de Campo Grande.

a) A quem o texto se dirige?

____

b) Qual é a finalidade principal desse texto?

____

____

2. "Maio Amarelo" é uma campanha feita todos os anos no mês de maio.

a) Que relação tem a cor amarela da campanha com os sinais de trânsito?

b) De que forma essa cor está representada no texto?

3. Observe a frase "No trânsito, dê um sinal de respeito.".

a) Que sentido tem essa frase no contexto?

b) No texto, são citadas algumas ações que podem ser compreendidas como "sinais de respeito". Quais são elas?

c) Há uma parte do enunciado verbal que pode ser lida como complemento à frase "No trânsito, dê um sinal de respeito.". Que parte é essa?

d) Que sentido pode ser atribuído à palavra **sinal** quando esse termo aparece relacionado à figura da placa com a mão e um traço na diagonal?

4. Na frase "No trânsito, dê um sinal de respeito.":

a) Quantas orações há? Trata-se de um período simples ou composto?

b) Que outra frase do texto também constitui um período como o que você identificou no item **a**?

Leia agora este poema de Noé Ribeiro:

Influenciador

Não apresentou nenhum fato novo,
mas gerou muitos comentários

(*Tudo é outra coisa*. São Paulo: Estúdio Editores, 2021. p. 71.)

Biry Sarkis/Acervo da editora

5. A respeito do poema, responda:

a) Quem é, provavelmente, o influenciador que dá título ao texto?

______

b) Explique a contradição entre a qualidade ou a importância da atividade do influenciador citado no poema e as consequências dela.

______

c) Que crítica social o poema faz?

______

6. Observe a estrutura sintática dos dois versos que compõem o poema.

a) Quantas orações há no texto?

______

b) Elas formam um período simples ou composto?

______

c) Qual é a palavra que liga as duas orações?

______

d) Indique qual é o sentido dessa palavra no contexto:

☐ causa ☐ consequência ☐ explicação ☐ oposição

7. Agora, observe sintaticamente cada uma das orações.

a) Qual é o sujeito e o predicado da primeira oração?

b) Como se classifica o verbo da primeira oração quanto à predicação? Se ele tem objeto, identifique-o.

c) Qual é o sujeito e o predicado da segunda oração?

d) Como se classifica o verbo da segunda oração quanto à predicação? Se ele tem objeto, identifique-o.

e) Conclua: Há, entre as orações, dependência sintática, ou seja, uma oração desempenha algum tipo de função em relação à outra?

Conceituando

Oração coordenada sindética e oração coordenada assindética

Ao responder às questões anteriores, você constatou que, no período "No trânsito, dê um sinal de respeito.", há uma única forma verbal (**dê**) e, portanto, uma única oração. Nesse caso, dizemos que se trata de um **período simples**.

Já na frase "Não apresentou nenhum fato novo, mas gerou muitos comentários", há duas formas verbais (**apresentou** e **gerou**) e, portanto, duas orações.

Observe a construção do período:

<u>Não apresentou nenhum fato novo</u>, **mas** <u>gerou muitos comentários.</u>

| |
1ª oração 2ª oração

Cada uma das orações é independente do ponto de vista sintático, isto é, cada uma tem seus próprios termos (sujeito, verbo, objeto, adjunto adnominal, etc.); por esse motivo, as duas orações são coordenadas entre si.

A segunda oração se liga à primeira por meio da conjunção **mas**; por isso, ela é **sindética** (síndeto = conjunção). Já a primeira oração, como não apresenta conjunção, é chamada de **oração coordenada assindética**.

Oração coordenada assindética é aquela que não é introduzida por conjunção.
Oração coordenada sindética é aquela que é introduzida por conjunção.

Classificação das orações coordenadas sindéticas

As orações coordenadas sindéticas classificam-se de acordo com o tipo de relação semântica que estabelecem com outra oração do mesmo período.

Aditivas

Estabelecem, em relação à oração anterior, uma ideia de acréscimo, adição:

O tempo esfriou **e** as pessoas se agasalharam.

São introduzidas pelas conjunções coordenativas aditivas: **e**, **nem**, **que**, **não só... mas também**, etc.

Adversativas

Estabelecem, em relação à oração anterior, uma ideia de oposição, contraste, compensação, ressalva:

O tempo esfriou, **mas** as pessoas não se agasalharam.

São introduzidas pelas conjunções coordenativas adversativas: **mas**, **porém**, **todavia**, **contudo**, **no entanto**, **entretanto**, etc.

Alternativas

Expressam fatos ou conceitos que se excluem ou se alternam:

Quer o tempo esfrie, **quer** o tempo esquente, você vai para a aula de natação.

São introduzidas pelas conjunções coordenativas alternativas: **ou**, **ou... ou**, **ora... ora**, **já... já**, **quer... quer**, etc.

Conclusivas

Exprimem uma ideia de conclusão ou consequência lógica em relação a um fato expresso na oração anterior:

Muitos agasalhos foram doados, **portanto** a campanha foi bem-sucedida.

São introduzidas pelas conjunções coordenativas conclusivas: **logo**, **pois** (posposta ao verbo), **portanto**, **por isso**, **de modo que**, etc.

Explicativas

Explicam o motivo da declaração feita na oração anterior:

Doe um agasalho para a campanha **porque** muitas pessoas estão passando frio.

São introduzidas pelas conjunções coordenativas explicativas: **porque**, **que**, **pois** (anteposta ao verbo), etc.

Exercícios

Leia a tira a seguir.

(Disponível em: http://bichinhosdejardim.com/wp-content/uploads/2019/10/bdj-190312-web.jpg. Acesso em: 26/5/2023.)

1. Essa tirinha faz parte de uma série denominada "Terapia". Considerando essa informação, relacione as partes verbal e não verbal do texto e levante hipóteses:

a) Onde Joaninha se encontra e quem é a outra personagem com quem ela conversa? Justifique sua resposta com elementos do texto.

b) A que conclusão a interlocutora de Joaninha chega sobre o problema relatado?

© Clara Gomes/Acervo do cartunista

2. Observe as falas de Joaninha nos dois primeiros quadrinhos.

a) O que Joaninha descreve?

b) Quantas orações há em cada um desses quadrinhos? Justifique sua resposta.

c) Identifique a conjunção que liga as orações em cada quadrinho, bem como seu valor semântico.

3. Sobre o emprego da contração **daí**, no 2º quadrinho, troque ideias com os colegas e o professor:

a) Entre as opções a seguir, qual descreve o tipo de relação que a contração pode estabelecer entre as falas de Joaninha no 1º e no 2º quadrinho?

- [ ] alternância
- [ ] conclusão
- [ ] adversidade

b) Que conjunções poderiam substituí-la nesse contexto?

4. Explique de que forma a fala de Joaninha no último quadrinho contribui para a construção do humor da tira.

Leia este texto de propaganda:

Reprodução/Secretaria de Assistência Social, Guaraciaba, SC

(Disponível em: https://wh3.com.br/raiodeluz/noticia/242178/campanha-do-agasalho-2023-inicia-em-guaraciaba.html. Acesso em: 12/6/2023.)

5. Sobre a situação de produção, responda:

a) Quem é o responsável pelo texto?

b) A quem ele se dirige?

c) Qual é sua finalidade?

6. Observe as linguagens verbal e não verbal que constituem o texto.

a) A frase central do texto faz uso de linguagem figurada como meio de chamar a atenção dos leitores. Qual é o sentido do trecho "seu coração, não!" no contexto?

b) Explique a relação entre a parte verbal e a parte não verbal do texto.

c) Que figura de linguagem é constituída tanto pelo emprego da palavra **coração** quanto pela figura do coração?

7. Observe a estrutura sintática da frase principal do texto:

"O tempo vai esfriar, seu coração, não!"

a) Discuta com os colegas e responda: Trata-se de um período simples ou de um período composto? Por quê?

b) Se o período for composto, classifique suas orações.

c) Embora a frase não apresente conjunção, seria possível empregar um conectivo sem modificar o conteúdo. Que conectivo poderia ser usado nesse caso?

As orações coordenadas NA CONSTRUÇÃO DO TEXTO

Leia este poema de Carlos Drummond de Andrade:

Poema do Jornal

O fato não acabou de acontecer
e já a mão nervosa do repórter
o transforma em notícia.
O marido está matando a mulher.
A mulher ensanguentada grita.
Ladrões arrombam o cofre.
A polícia dissolve o ***meeting***.
A pena escreve.
Vem da sala de **linotipos** a doce música mecânica.

(*Reunião*. 10. ed. Rio de Janeiro: José Olympio, 1980. p. 14.)

Biry Sarkis/Acervo da editora

linotipo: máquina que funde em bloco cada linha de caracteres tipográficos; processo tradicional de impressão de tipos móveis, em que as letras têm de ser escolhidas e montadas uma a uma.

***meeting*:** comício; reunião pública convocada para discutir questões de ordem política ou social.

1. Releia os três primeiros versos do poema e responda:

a) O fato a que se refere o poema é um fato específico ou trata-se de uma referência genérica? Justifique sua resposta. Esse "fato" realmente aconteceu?

____

____

____

____

b) Que sentido produz a palavra **não** em "não acabou de acontecer" nesse contexto?

____

____

____

c) Levante hipóteses: Por que a mão do repórter estaria "nervosa"?

____

____

____

2. Observe o trecho do poema que vai do 4º ao 7º verso e responda às questões a seguir.

a) Os fatos a que eles se referem são acontecimentos banais ou graves?

b) Em que tempo estão as formas verbais desses versos?

c) A que se assemelham esses versos no contexto do poema?

d) Explique a relação entre o tempo verbal identificado no item **b** e o comportamento do repórter indicado na questão 1.

3. O poema estabelece uma oposição entre o conteúdo dos fatos noticiados e a postura de quem escreve o jornal. Discuta com os colegas e com o professor: Como se dá essa oposição?

4. Observe o título do poema — "Poema do Jornal" — e relacione-o aos dois versos finais. Depois, responda:

a) Quem escreve?

b) A que se refere a expressão "doce música", vinda da sala de linotipos?

c) Interprete o título do poema.

5. Agora, observe a estrutura sintática dos períodos que formam o poema.

a) Nele, predomina o período simples ou o período composto?

b) Há subordinação entre as orações que formam os períodos?

6. Observe a estrutura sintática destes versos do poema:

> "O fato não acabou de acontecer
> e já a mão nervosa do repórter
> o transforma em notícia."

Biry Sarkis/Acervo da editora

a) Quantas formas verbais há nesses versos?

b) Que tipo de período esses versos formam?

c) Qual é a conjunção que conecta os versos?

d) Classifique as orações que formam esse período.

7. Observe estes versos:

> "Ladrões arrombam o cofre.
> A polícia dissolve o *meeting*."

Os versos estão separados pelo ponto. No entanto, há entre eles uma conexão semântica.

a) Que conjunção(ões) poderia(m) ligá-los mantendo o sentido básico do texto? Reescreva os versos fazendo uso dessa(s) conjunção(ões).

b) Como as orações se classificariam nesse(s) caso(s)?

c) Compare os versos originais às hipóteses dadas na resposta ao item **7a**. Explique a diferença de sentido entre a versão original — com emprego do ponto e de períodos simples — e a versão com conjunção e período composto.

8. A respeito das afirmações a seguir, assinale as que são **corretas**.

- [ ] O poema é estruturado com orações coordenadas e subordinadas, mostrando o equilíbrio entre as ações que ocorrem no dia a dia e as ações dos repórteres que noticiam os fatos.
- [ ] O predomínio de períodos simples no poema justifica-se pelo aproveitamento de supostas manchetes de jornal, que geralmente fazem uso de período simples e verbos no presente.
- [ ] O predomínio da subordinação no poema sugere a dependência dos repórteres com relação aos fatos que ocorrem no dia a dia para que possam escrever o jornal.
- [ ] O emprego de períodos simples e de período composto por coordenação torna o poema mais simples e direto, compatível com o retrato do dia a dia de um jornal. Além disso, contribui para a captação de *flashes* da realidade, semelhantes às manchetes de jornal.

SEMÂNTICA E DISCURSO

Leia o texto a seguir e responda às questões 1 a 4.

Redatora: Juliana Bezerra/Diretor de arte: Bill Queiroga

(Disponível em: http://www.sotitulos.com.br/wp-content/uploads/2011/04/unha_-01.jpg. Acesso em: 26/5/2023.)

1. Levante as hipóteses:

a) A que tipo de campanha esse texto pertence e a quem ele se dirige?

b) Qual é a principal finalidade desse texto?

2. Relacione as partes verbal e não verbal do texto em estudo e levante hipóteses:

a) O que o desenho que ocupa todo o espaço do texto representa?

b) Por que o texto verbal foi todo escrito dentro da imagem em vermelho?

c) Qual é a relação desse desenho com o conteúdo do texto verbal?

3. Agora, observe a estrutura das construções no texto verbal central.

a) Que outra oração é ligada à oração "dói menos" pela conjunção **e**?

b) Troque ideias com os colegas e o professor: No contexto, que relação é estabelecida entre essas duas orações pela conjunção **e**? Justifique sua resposta.

4. Releia as duas frases inferiores:

> "Violência contra mulher é crime. Denuncie."

a) Embora sejam independentes sintaticamente, essas orações têm relação entre si e poderiam ter sido escritas em um único período, conectadas por uma conjunção. Qual é a relação semântica existente entre elas?

____

b) Proponha uma reescrita para o trecho, transformando as duas frases em um período composto e utilizando uma conjunção que explicite tal relação.

____

____

c) Classifique as orações do período escrito por você no item **b**.

____

____

____

Leia o poema a seguir e responda às questões 5 a 8.

Bilhete aos astrônomos

Não procurem
Vidas em outros planetas.
Procurem amor.
Porque viver
É o de menos.
Amar é que é
Vital.

(Lucão. *Telegramas*. São Paulo: Saraiva, 2016. p. 40.)

Biry Sarkis/Acervo da editora

5. Observe o título do poema.

a) A quem o eu lírico se dirige?

____

b) Em seus versos, o eu lírico dá um conselho a seus interlocutores. Qual é esse conselho?

____

6. A oração que compõe o 3º verso estabelece uma relação de sentido com a oração construída nos dois primeiros versos.

a) Entre as opções a seguir, indique a que melhor descreve essa relação.

☐ adição ☐ explicação ☐ oposição

b) Tomando como base sua resposta ao item **a**, proponha uma reescrita para esses três versos em um período composto, inserindo uma conjunção que explicite o sentido entre as duas orações.

c) Classifique as orações construídas por você no item **b**.

7. Os quatro últimos versos colocam duas formas verbais em relação.

a) Quais são essas formas verbais?

b) Troque ideias com os colegas e o professor e conclua: Qual é o sentido dado a cada uma dessas formas verbais no contexto do poema? Justifique sua resposta.

8. O 4º verso se inicia pela conjunção **porque**.

a) Qual é o valor semântico dessa conjunção?

b) Faça uma leitura em voz alta do poema, omitindo a conjunção em sua leitura. Conclua: A ausência da conjunção prejudica a compreensão do texto, nesse caso?

c) Comente o sentido que os versos seguintes, introduzidos pela conjunção **porque**, têm no poema.

PARA ESCREVER COM adequação

Modalização apreciativa e epistêmica

Leia esta tira:

Peanuts, Charles Schulz © 1970 Peanuts Worldwide LLC/ Dist. by Andrews McMeel Syndication

1. Schroeder, personagem das tiras "Peanuts", passa horas tocando um piano de brinquedo, admira o compositor Beethoven e ignora as investidas de Lucy, que sonha em se casar com ele.

a) Levante hipóteses: Por que Lucy fala em Beethoven no 1º quadrinho?

b) Pela expressão facial de Lucy no 2º e no 3º quadrinho, a fala dela teve o efeito pretendido?

2. Observe a fala de Schroeder no 2º quadrinho.

a) Como o personagem caracteriza o ano de 1770?

b) Em que tempo e modo verbais estão os verbos empregados por ele?

____

c) O personagem demonstra ter certeza do que diz ou ter alguma dúvida?

____

3. Observe a fala de Lucy no 3º quadrinho.

a) Ela constrói um sentido de verdade e certeza ou de dúvida e possibilidade?

____

b) Que palavras comprovam sua resposta ao item anterior?

____

____

____

4. Analise a fala de Schroeder no último quadrinho.

a) Que trecho constrói a ideia de incerteza, possibilidade?

____

b) Que trecho constrói a ideia de certeza e verdade?

____

c) Por essa fala, qual é a opinião de Schroeder sobre as pessoas e suas realizações após o ano de 1770?

____

____

____

Como você já estudou, sempre que fazemos uso da língua, em textos orais e escritos, manifestamos nosso ponto de vista. Até a seleção de palavras e sua combinação refletem nossa avaliação sobre os temas tratados e quanto os entendemos como certos e verdadeiros, mesmo que isso não seja consciente ou proposital.

O uso de recursos linguísticos para construir o grau de comprometimento do falante com aquilo que diz e sua avaliação sobre o conteúdo do que diz é chamado de **modalização**.

Modalização são as marcas que evidenciam o ponto de vista assumido pelo falante sobre o conteúdo de seu enunciado, seu grau de comprometimento com o que diz e sua relação com os interlocutores.

O grau de comprometimento está ligado ao valor de verdade e ao grau de certeza que o locutor mostra que tem em relação ao conteúdo do texto que produz.

Na tira, a fala "Estamos precisando.", de Schroeder, mostra a avaliação que ele faz da humanidade e de seus feitos mais recentes e que ele tem certeza sobre o conteúdo de seu enunciado. Seria diferente se dissesse: "Eu acho que estamos precisando." ou "Talvez estejamos precisando.".

Nessa fala, há dois tipos de modalização. A **modalização apreciativa**, que se refere ao uso, principalmente, de adjetivos, locuções adjetivas, advérbios, locuções adverbiais, orações adjetivas e adverbiais, que caracterizam e especificam objetos do discurso e mostram a avaliação do falante a respeito deles: como forma no gerúndio **precisando**, usada na fala do personagem. Já a **modalização epistêmica** se refere à construção do valor de verdade e às condições de verdade de uma proposição. O uso do presente do indicativo na 1ª pessoa do plural na fala de Schroeder constrói um valor de verdade e de certeza para o enunciado. Geralmente, o uso do modo subjuntivo ou do futuro do pretérito do indicativo constrói a ideia de possibilidade, de dúvida. Observe outro exemplo:

- Iremos de manhã ao parque porque o clima é mais ameno. (certeza)
- Talvez seja melhor irmos de manhã ao parque porque o clima geralmente é mais ameno. (possibilidade)
- Será que é melhor irmos de manhã ao parque? Pode ser que o clima esteja mais ameno. (dúvida)

Exercícios

Leia o artigo de divulgação científica a seguir.

Turista indesejado nos recifes brasileiros

Viagem ao litoral nordestino tem um programa certo: mergulhar para conhecer recifes de coral! Cá entre nós, é uma delícia mesmo! Você mergulha naquela água cristalina, quentinha e começa a admirar os peixinhos coloridos quando, de repente, um lhe chama a atenção. Ele é bem bonito, tem tamanho aproximado ao da palma da mão de um adulto, listras brancas e vermelhas, além de longas nadadeiras, que mais parecem uma coroa de espinhos. O bicho nada com elegância, cercando os peixinhos do recife e, num piscar de olhos, com um bote veloz, ele come um deles: nhac! E come outro: nhac, nhac! E mais outro! O predador desta cena é o peixe-leão. Mas que peixe é esse, minha gente?

Gilmanshin/Shutterstock

› Peixe-leão.

Peixe-leão é o nome popular usado para 12 espécies chamadas Pterois, todas bem bonitas e encontradas nos recifes de coral dos oceanos Índico e Pacífico, mas que andam "turistando" no oceano Atlântico. Como são territorialistas, ou seja, tomam posse do território que ocupam, mesmo que esse local esteja longe do seu habitat natural, eles estão se espalhando pelos mares do Nordeste brasileiro.

Esses peixes são mais ativos de manhã e no fim do dia, sendo um eficiente predador de peixes e crustáceos. Assim, pode frequentar o mesmo recife por muito tempo. Seu nome popular deve ser pela semelhança das suas longas nadadeiras peitorais e dorsal com a juba de um leão, além, claro, do seu apetite voraz!

Jean Carlos Miranda
Departamento de Ciências Exatas, Biológicas e da Terra, Universidade Federal Fluminense

Cláudio Luís Santos Sampaio
Unidade Educacional de Penedo, Universidade Federal de Alagoas

Marcelo Fulgêncio Guedes Brito
Departamento de Biologia, Universidade Federal de Sergipe

Maína Bertagna
Departamento de Educação, Universidade Federal Fluminense

(*Ciência Hoje das Crianças*. Disponível em: https://chc.org.br/artigo/turista-indesejado-nos-recifes-brasileiros/. Acesso em: 29/5/2023.)

1. Considere a situação de produção do texto e responda:

a) Quem são os autores do texto?

b) Qual é o público-alvo do texto? Considere o veículo em que ele foi publicado.

c) Qual é o objetivo do texto?

2. O primeiro parágrafo do texto cumpre uma função específica.

a) Que função é essa?

b) A linguagem utilizada nesse parágrafo tende à formalidade ou à informalidade? Ela é adequada à finalidade do texto e ao perfil de seu público? Justifique suas respostas.

3. Observe o título e o primeiro parágrafo do texto, levando em conta a modalização da linguagem.

a) Qual é o assunto central desse parágrafo?

____

____

b) Que palavras ou expressões do título e do primeiro parágrafo revelam modalização apreciativa, isto é, uma avaliação do autor a respeito do assunto de que está tratando?

Dennis attard/Shutterstock

> Peixe-leão.

____

____

____

____

____

4. A linguagem do segundo e do terceiro parágrafos do texto apresenta diferenças em relação ao primeiro parágrafo.

a) Explique em que consiste essa diferença, com base na linguagem e no conteúdo dos parágrafos.

____

____

____

____

b) Por que isso acontece?

____

____

____

c) Mesmo assim, é possível identificar algumas marcas de informalidade e marcas de modalização nesses parágrafos. Identifique-as.

- Marcas de informalidade:

____

____

____

- Marcas de modalização por meio das quais é possível perceber o ponto de vista do enunciador:

- Marcas de modalização por meio das quais o enunciador relativiza o grau de certeza do conteúdo:

DIVIRTA-SE

(Disponível em: https://imagohistoria.blogspot.com/2017/03/memes-de-humanas-penso-logo-existo.html. Acesso em: 12/6/2023.)

·CAPÍTULO·

3 Orações subordinadas substantivas

Construindo o conceito

Leia esta tira:

(Alexandre Beck. *Armandinho nove*. Florianópolis: A. C. Beck, 2016. p. 23.)

1. No 1º quadrinho, Armandinho usa a expressão "olhar para nosso próprio umbigo", que pode apresentar mais de um sentido, dependendo do contexto. Quais são os sentidos da expressão, que ele mesmo esclarece?

2. Observe o último quadrinho da tira.

a) Quantos verbos e quantas orações existem na frase?

b) O período classifica-se como simples ou composto?

3. Compare estes enunciados:

- A falta de higiene é incrível.
- É incrível a falta de higiene.
- É incrível que em um umbigo caiba tanta sujeira...

a) Qual é o sujeito das duas primeiras orações?

b) Compare a terceira frase com as duas primeiras. A oração "que em um umbigo caiba tanta sujeira..." tem função equivalente a que termo das outras frases?

c) Logo, que função desempenha a oração "que em um umbigo caiba tanta sujeira..."?

4. Observe, agora, o 1º quadrinho da tira.

a) Quantas orações há nele?

b) Uma das orações desempenha função semelhante à que você identificou na questão **3b**. Identifique-a.

Conceituando

Orações subordinadas substantivas

Nos exercícios que resolveu, você percebeu que, nos períodos compostos, há orações que têm papel equivalente ao de um substantivo. Compare:

VL — É; PS — incrível; substantivo, núcleo do sujeito — falta

É incrível a **falta** de higiene.

predicado: É incrível; sujeito: a falta de higiene

oração que tem valor equivalente a um substantivo: que em um umbigo caiba tanta sujeira...

É incrível **que em um umbigo caiba tanta sujeira...**

or. principal: É incrível; oração com valor de sujeito da outra oração: que em um umbigo caiba tanta sujeira...

Assim, a oração "que em um umbigo caiba tanta sujeira..." é **subordinada** porque complementa a oração principal; é **substantiva** porque equivale a um substantivo; e é **subjetiva** porque desempenha a função de sujeito da oração principal.

Oração subordinada substantiva é aquela que tem valor de substantivo e exerce, em relação à oração principal, a função de sujeito, objeto direto, objeto indireto, predicativo, complemento nominal ou aposto.

Atenção

As orações subordinadas substantivas são geralmente introduzidas pelas conjunções subordinativas integrantes **que** e **se**. Podem também, em alguns casos, ser introduzidas por um pronome indefinido, por um pronome ou advérbio interrogativo ou exclamativo. Veja ao lado.

Não sei	**se** **quem** **por que** **como** **quando** **onde**	vendeu sua motocicleta seminova.

Emprego das conjunções integrantes

Quando o verbo da oração principal exprime possibilidade, dúvida ou incerteza, emprega-se a conjunção integrante **se**. No meme ao lado, por exemplo, a frase iniciada pela expressão **imagina** introduz a ação em um plano hipotético, sugerindo ironicamente, no contexto, que a pessoa não estava dormindo; daí o emprego da conjunção integrante **se** seguida da forma verbal **iria ta** (iria estar), conjugada no futuro do pretérito do indicativo.

Quando o verbo da oração principal exprime certeza, emprega-se a conjunção integrante **que**. No meme, por exemplo, caso se quisesse afirmar positivamente a ação, expressando certeza, o enunciador usaria uma construção como: "Saiba que eu (es)tava dormindo uma hora dessas".

"PODE ENTRAR SIM, IMAGINA SE EU AINDA IRIA TA DORMINDO UMA HORA DESSAS..."

Reprodução/www.pt.dopl3r.com

(Disponível em: https://pt.dopl3r.com/memes/engra%C3%A7ado/pode-entrar-sim-imagina-se-eu-ainda-iria-ta-dormindo-uma-hora-dessas/110765. Acesso em: 3/7/2023.)

Classificação das orações substantivas

As orações subordinadas substantivas podem desempenhar no período as mesmas funções que os substantivos podem exercer nas orações: **sujeito**, **objeto direto**, **objeto indireto**, **predicativo**, **complemento nominal** e **aposto**. Assim, de acordo com sua função, recebem as seguintes denominações: **subjetiva**, **objetiva direta**, **objetiva indireta**, **predicativa**, **completiva nominal** e **apositiva**.

Atenção

Alguns verbos (sempre na 3ª pessoa do singular) e algumas expressões comumente têm por sujeito uma oração subordinada substantiva: **acontecer**, **constar**, **cumprir**, **ocorrer**, **parecer**, **convir**; **sabe-se**, **conta-se**, **ficou provado**; **é bom**, **é claro**, **é certo**.

Subjetiva

Exerce a função de **sujeito** da oração de que depende ou em que se insere:

VL — PS

É incrível | que em um umbigo caiba tanta sujeira...

or. principal | oração subordinada substantiva subjetiva

Objetiva direta

Exerce a função de **objeto direto** do verbo da oração principal:

VTD

Espero | que você se divirta bastante nas férias.

or. principal | or. subordinada substantiva objetiva direta

Objetiva indireta

Exerce a função de **objeto indireto** do verbo da oração principal:

VTI

Lembrou-se | de que ainda não entregara a pesquisa ao professor.

or. principal | or. subordinada substantiva objetiva indireta

Predicativa

Exerce a função de **predicativo** de um termo que é sujeito da oração principal:

sujeito — VL

O problema é | que ele não entregou a documentação no prazo exigido.

or. principal | or. subordinada substantiva predicativa

Completiva nominal

Exerce a função de **complemento nominal** de um substantivo ou adjetivo da oração principal:

VL — adjetivo/PS

Estou convencida | de que ele é seu namorado.

or. principal | or. subord. subst. completiva nominal

Apositiva

Exerce a função de **aposto** de um nome da oração principal:

suj.	OI	VTDI	adj. adv.	OD	
Eu	lhe	disse	apenas	isto:	(que) não se aborrecesse com ela.
or. principal					or. subordinada substantiva apositiva

Frequentemente é precedida por dois-pontos e, às vezes, pode vir entre vírgulas.

Atenção

Para reconhecer uma oração substantiva, podemos utilizar um artifício que quase sempre funciona. Quando a oração é realmente substantiva, é possível substituí-la por um substantivo ou por um pronome substantivo como **isto**, **isso**, **aquilo**. Veja:

É preciso que a mercadoria seja entregue agora. → É preciso isso. → Isso é preciso.

(que a mercadoria seja entregue agora: or. subordinada substantiva subjetiva; isso: sujeito; Isso: sujeito)

Logo vi que você não aceitaria meu empréstimo. → Logo vi isso.

(que você não aceitaria meu empréstimo: or. subordinada substantiva objetiva direta; isso: OD)

Exercícios

1. Leia estas anedotas:

A enfermeira diz ao médico:

— Tem um homem invisível na sala de espera.

O médico responde:

— Diga a ele que não posso vê-lo agora.

Jean Galvão/Acervo da editora

Um homem chega ao médico e fala:

— Doutor, eu acho que quebrei meu braço em dois lugares. O que devo fazer?

— Parar de ir a esses dois lugares.

(Disponível em: https://www.dicionariopopular.com/piadas-curtas-engracadas/. Acesso em: 3/7/2023.)

a) As duas anedotas constroem seu efeito de humor com base no duplo sentido de algumas palavras e expressões. Identifique quais são essas palavras e expressões entre as opções a seguir:

- [ ] invisível
- [ ] espera
- [ ] vê-lo
- [ ] quebrei meu braço
- [ ] em dois lugares
- [ ] devo fazer

b) Justifique suas escolhas na questão anterior considerando os sentidos das anedotas.

c) As duas orações subordinadas substantivas a seguir estão presentes nas anedotas. Identifique a classificação de cada uma delas.

- que não posso vê-lo agora
- que quebrei meu braço em dois lugares

Leia a tira de Alexandre Beck a seguir para responder às questões 2 e 3.

(*Armandinho oito*. Florianópolis: A. C. Beck, 2016. p. 81.)

2. Com base no último quadrinho da tira, levante hipóteses e responda: Que conceito Armandinho tem a respeito dos "bons de verdade"?

3. As duas falas que existem na tira são períodos compostos por subordinação. Em cada uma delas:

a) Identifique a oração principal.

______

______

______

b) Identifique a oração subordinada e classifique-a.

______

______

______

______

4. Transforme as expressões destacadas em orações substantivas e, a seguir, classifique sintaticamente a oração formada. Veja o exemplo:

- Convenci-o **do interesse do filme**.
- Convenci-o **de que o filme era interessante**. / oração subordinada substantiva objetiva indireta

a) Convém **sua ajuda aos colegas**.

Convém ______

______

b) O porteiro impediu **a entrada dos retardatários**.

O porteiro impediu ______

______

c) O problema é **nossa desatenção**.

O problema é ______

______

d) Ele estava certo **da inocência do amigo**.

Ele estava certo ______

e) Só desejo uma coisa: **sua vitória**.

Só desejo uma coisa: ______

______

5. Leia este texto de curiosidade:

Van Gogh: erro ou obra-prima?

É difícil acreditar que o quadro "The Potato Eaters", de 1885, seja de autoria do holandês Vincent van Gogh. O quadro tem cores opacas e formas estranhas. [...] Mais incrível ainda é que o autor disse à irmã que aquele era um de seus melhores trabalhos até então. [...] Na ocasião, ele morava em Brabant, no sul da Holanda.

Foi apenas quando o artista se mudou para a França, em 1886, que ele descobriu os tons brilhantes dos impressionistas, dando início à criação de obras-primas vibrantes e mais famosas, como "Noite Estrelada" e "Girassóis".

> A tela *Os comedores de batata* (1885), de Vincent van Gogh.

(Disponível em: https://www.guiadoscuriosos.com.br/cultura-e-entretenimento/van-gogh-erro-ou-obra-prima/. Acesso em: 4/7/2023.)

Há nesse texto três orações subordinadas substantivas. Associe-as à respectiva classificação:

1. "[...] que o quadro 'The Potato Eaters', de 1885, seja de autoria do holandês Vincent van Gogh."
2. "[...] que o autor disse à irmã [...]."
3. "[...] que aquele era um de seus melhores trabalhos até então."

- ☐ predicativa
- ☐ objetiva direta
- ☐ subjetiva
- ☐ apositiva

Leia agora esta tira de Laerte:

(*Folha de S.Paulo*, 16/11/2019.)

6. A respeito do 1º quadrinho, responda:

a) Qual é a predicação da forma verbal **sonhei** no contexto?

b) Qual é o complemento dessa forma verbal?

c) Como se classifica a oração "que eu tinha asas"?

7. Observe agora as orações dos quadrinhos subsequentes.

a) Que relação sintática e semântica elas têm com o 1º quadrinho? A que palavra elas estão ligadas?

b) Logo, qual é a classificação sintática dessas orações?

8. Note que as orações do 2º, do 3º, do 4º e do 5º quadrinho se iniciam com a conjunção **e**.

a) Que sentido essa conjunção introduz em relação ao que foi dito antes?

b) Como se classifica essa conjunção?

c) Troque ideias com os colegas e com o professor: Um período pode apresentar, a um só tempo, traços de coordenação e de subordinação?

Orações substantivas reduzidas

Releia este quadrinho, da tira que abriu este capítulo:

Note que o verbo da 2ª oração está no infinitivo e não há uma conjunção fazendo a ligação entre as orações. Isso ocorre porque a oração subordinada está reduzida. Veja:

Às vezes é bom | olhar para nosso próprio umbigo!
oração principal | oração subordinada substantiva subjetiva

A oração subordinada também poderia ser expressa assim:

Às vezes é bom | que olhemos para nosso próprio umbigo!
oração principal | oração subordinada substantiva subjetiva

Como você pode observar, nas duas situações, a oração subordinada tem a mesma função sintática e sentido equivalente. A diferença entre elas é que uma apresenta uma forma **reduzida** e a outra, uma forma **desenvolvida**.

Oração desenvolvida é aquela que apresenta o verbo no modo indicativo, subjuntivo ou imperativo e é introduzida por um conectivo (palavra de ligação).

Na oração substantiva "olhar para nosso próprio umbigo!", o verbo está no infinitivo e não há conjunção. Trata-se de uma oração **reduzida**.

Na língua portuguesa, há três tipos de oração reduzida, dependendo da forma nominal do verbo: **de infinitivo**, **de gerúndio** e **de particípio**. Observe a correlação:

Às vezes é bom que olhemos para nosso próprio umbigo!
"que olhemos para nosso próprio umbigo!": oração subordinada substantiva subjetiva desenvolvida

Às vezes é bom olhar para nosso próprio umbigo!
"olhar para nosso próprio umbigo!": oração subordinada substantiva subjetiva reduzida de infinitivo

Veja outro exemplo:

A melhor forma de nos conhecer é esta: olhando para nosso próprio umbigo!
"olhando para nosso próprio umbigo!": oração subordinada substantiva apositiva reduzida de gerúndio

Exercícios

Leia esta tira:

(Bill Watterson. *O progresso científico deu "tilt"*. São Paulo: Best, 1991. v. 1, p. 29.)

1. A tira apresenta vários pensamentos de Calvin a respeito da conversa que a mãe está tendo com ele.

a) Sobre o que a mãe está falando com ele?

b) O que ele acha desse tipo de conversa?

2. Em seus pensamentos, Calvin apresenta um motivo pelo qual não consegue estudar.

a) Qual é esse motivo?

b) Esse motivo faz parte do universo concreto ou do universo fantasioso do personagem?

3. Como é comum ao gênero, o humor da tira concentra-se no último quadrinho, com o comentário da mãe de Calvin. Explique por quê.

4. A tira apresenta várias orações subordinadas. Releia as falas de Calvin e associe as seguintes orações a suas respectivas classificações, de acordo com o contexto.

( ) "Eu tentei explicar"

( ) "que é difícil!

( ) "que ela se importa?"

( ) "como alguém ficaria"

( ) "que está terminando"

(1) oração subordinada substantiva objetiva direta

(2) oração subordinada substantiva subjetiva

(3) oração principal

5. A tira apresenta duas orações subordinadas substantivas reduzidas. Identifique-as e classifique-as.

____

____

____

6. Observe estes versos da canção "Felicidade", de Seu Jorge:

"Felicidade
É viver na sua companhia
Felicidade
É estar contigo todo dia"

(Disponível em: https://www.letras.mus.br/seu-jorge/felicidade/. Acesso em: 4/7/2023.)

Os versos dessa canção apresentam paralelismos sintáticos, isto é, apresentam a mesma estrutura.

a) Qual é a predicação da forma verbal **é**, no 2º e no 4º verso?

____

b) Qual é o sujeito dessa forma verbal, em suas duas ocorrências?

____

c) Observe que as orações "viver na sua companhia" e "estar contigo todo dia" não apresentam conjunção e seus verbos estão no infinitivo. Classifique essas orações.

____

____

As orações substantivas NA CONSTRUÇÃO DO TEXTO

Leia a seguir um trecho da crônica "A boa alma do influencer", de Tati Bernardi.

[...]

O influencer **mercantil**, nome que eu acabei de inventar (mas existe aos montes), é qualquer pessoa, desde que seja 1 - sem talentos além da aptidão pra ganhar dinheiro e enganar pessoas; 2 - preocupadíssima em não sofrer cancelamento; e 3 - dinheirista a ponto de amar o que faz mesmo odiando. Com caráter ou não, vivendo dentro dos preceitos de respeitar outros seres vivos ou não, o influencer mercantil precisa, necessariamente, parecer que é tudo isso ou não fecha as contas do mês. [...]

Não importa se nasceram **sociopatas** ou se foram criados em um ambiente que propiciou o alargamento da sua assustadora incapacidade **empática**, importa que eles passem o dia na internet parecendo fofos, legais, genuínos. Tudo é calculado pra que você engaje em sua versão "amigão íntimo que vai te dar a real". O cabelo, os óculos, o boné, a roupa, a voz.

[...]

Sigo um monte de especialistas em moda, que me ensinam a consumir com inteligência e responsabilidade e dão dicas preciosas para que eu consiga superar o meu impulso boicotador de estar sempre malvestida. [...]

Sigo ainda canais de maternidade, **medicina ayurvédica**, psicanálise ou apenas honestíssimos geradores de conteúdos de humor. Mas qual é o emprego de quem passa o dia inteiro forçando carisma pra vender produtos e marcas? [...]

(Disponível em: https://www1.folha.uol.com.br/colunas/tatibernardi/2022/08/a-boa-alma-do-influencer.shtml. Acesso em: 4/7/2023.)

Jean Galvão/Acervo da editora

empático: capaz de se colocar no lugar do outro e tentar compreender os sentimentos e o comportamento dele.

medicina ayurvédica: filosofia médica oriental milenar desenvolvida na Índia.

mercantil: que se dedica ao comércio.

sociopata: indivíduo de comportamento antissocial, ao qual falta senso de responsabilidade moral ou consciência.

1. Tati Bernardi faz, em sua crônica, uma crítica a uma prática comum dos dias atuais.

a) Identifique essa prática, bem como a crítica feita na crônica.

____

____

b) Com base em sua experiência pessoal, a autora faz uma ressalva à crítica. Explique essa ressalva.

c) O título do texto é "A boa alma do influencer". Troque ideias com os colegas e o professor: É possível considerar que há ironia nesse título? Justifique sua resposta.

d) Você concorda com o ponto de vista de Tati Bernardi? Comente com os colegas.

2. No primeiro parágrafo, Tati Bernardi conceitua o que chama de "influencer mercantil". Releia o trecho a seguir:

> "[...] é qualquer pessoa, desde que seja 1 - sem talentos além da aptidão **pra ganhar dinheiro e enganar pessoas**; 2 - preocupadíssima **em não sofrer cancelamento**; e 3 - dinheirista a ponto de amar o que faz mesmo odiando."

As duas orações em destaque completam o sentido de outros termos do texto.

a) Identifique esses termos e dê sua classificação morfológica, isto é, indique a classe de palavras a que pertencem.

b) Indique a classificação sintática das orações em destaque.

c) Troque ideias com os colegas e o professor: Os termos indicados por você no item **a** têm, em geral, uma conotação positiva ou negativa quando usados para descrever uma pessoa?

d) Observe o conteúdo das orações em destaque e, considerando suas respostas anteriores, explique o efeito de sentido construído por elas no texto.

3. Agora, releia este trecho:

> "[...] o influencer mercantil precisa, necessariamente, parecer que é tudo isso ou não fecha as contas do mês."

a) Identifique, nele, a oração que atribui características ao sujeito "o influencer mercantil".

____

b) Qual é a classificação da oração identificada por você no item **a**?

____

c) Entre as opções a seguir, marque aquela que descreve melhor o sentido desse trecho no texto:

- [ ] Para a autora, o *influencer* mercantil precisa sempre fazer parecer que a vida é boa a fim de levar a seu público uma mensagem de alegria e otimismo.
- [ ] Para a autora, o *influencer* mercantil não se importa com seu público, preocupando-se apenas com as aparências a fim de obter lucro com seu perfil.
- [ ] Para a autora, o *influencer* mercantil vive dentro dos preceitos de respeito e bom caráter a fim de ajudar seu público a fechar as contas no fim do mês.

4. Neste capítulo, você aprendeu a diferença de emprego das conjunções integrantes **que** e **se**. Identifique, no segundo parágrafo, as orações nas quais essas conjunções são utilizadas e explique a diferença de sentido entre elas no contexto.

____

____

____

____

____

____

5. Releia o terceiro parágrafo, no qual foram empregadas orações subordinadas substantivas reduzidas de infinitivo:

> "Sigo um monte de especialistas em moda, que me ensinam a consumir com inteligência e responsabilidade e dão dicas preciosas para que eu consiga superar o meu impulso boicotador de estar sempre malvestida."

a) Identifique essas orações de acordo com as classificações indicadas a seguir:

- oração subordinada substantiva objetiva indireta reduzida de infinitivo

  ____

- oração subordinada substantiva completiva nominal reduzida de infinitivo

  ____

b) Os *influencers* a quem a autora se refere nesse parágrafo enquadram-se no perfil do "influencer mercantil"? Justifique sua resposta.

SEMÂNTICA E DISCURSO

Leia o texto a seguir e responda às questões 1 a 6.

Reprodução/Fórum Nacional de Prevenção e Erradicação do Trabalho Infantil.

(Disponível em: https://fnpeti.org.br/noticias/2021/05/31/campanha-alerta-para-urgencia-em-erradicar-o-trabalho-infantil/. Acesso em: 4/7/2023.)

1. A respeito do texto e de sua situação de produção, responda:

a) A que gênero ele pertence? Assinale a melhor opção.

- [ ] poema
- [ ] texto de campanha comunitária
- [ ] anúncio publicitário
- [ ] conto

b) Qual é a finalidade principal do texto?

____

____

c) Quem são os responsáveis por ele e qual é a relação deles com o assunto abordado?

____

____

____

2. A parte não verbal que compõe o fundo do texto é constituída de dois planos.

a) Por meio de qual estratégia visual esses dois planos estão divididos?

____

____

b) Que elementos da imagem unem esses dois planos?

____

____

c) O que é retratado em cada um desses planos e que efeito é criado pela diferença de cores utilizadas neles?

____

____

____

____

d) Explique o sentido de cada um desses planos no contexto.

____

____

____

Releia o texto verbal da parte superior para responder às questões 3 e 4:

**É MUITO TRISTE, MUITO CEDO,
É MUITO COVARDE CORTAR
INFÂNCIAS PELA METADE.**

3. Uma ação é citada nessa parte.

a) Identifique-a.

b) Essa ação tem, no contexto, sentido literal ou sentido figurado? Justifique sua resposta.

4. A forma verbal **é** e a palavra **muito** foram empregadas repetidas vezes na frase em estudo.

a) Explique o efeito de sentido construído por essa repetição.

b) Quais são as palavras modificadas pelo advérbio **muito**? Elas têm sentido positivo ou negativo?

c) Identifique e classifique as orações do período:

> "É muito covarde cortar infâncias pela metade."

5. Releia o texto verbal da parte inferior:

> "Precisamos agir agora para acabar com o trabalho infantil!"

Troque ideias com os colegas e o professor:

a) Qual é a função do ponto de exclamação nessa frase?

____

b) A forma verbal **precisamos**, empregada na 1ª pessoa do plural, refere-se, no contexto, apenas aos enunciadores? Justifique sua resposta com elementos do texto.

____

____

____

c) A forma verbal **precisamos** expressa um sentido de:

- [ ] aconselhamento.
- [ ] negação.
- [ ] necessidade.
- [ ] advertência.

6. Relacione os textos verbais das partes superior e inferior e a parte não verbal:

a) Entre as expressões a seguir, indique aquela que retoma a oração "cortar infâncias pela metade":

- [ ] "agir agora"
- [ ] "acabar com"
- [ ] "trabalho infantil"

b) Justifique sua escolha no item **a**.

____

____

c) Qual dos planos do texto não verbal representa essa mesma ação? Justifique sua resposta.

____

____

____

7. O emprego de orações reduzidas no lugar de orações desenvolvidas geralmente torna um texto mais enxuto. Observe:

- Deixe ⎿ or. Principal ⏌ que ele faça sozinho. ⎿ or. sub. subst. objetiva direta ⏌

Deixe	que ele faça sozinho.
or. Principal	or. sub. subst. objetiva direta

- Deixe-o fazer sozinho.

No português brasileiro, é mais comum as pessoas dizerem "Deixe ele fazer sozinho". Apesar disso, a norma-padrão, nesses casos, considera que deva ser empregado o pronome oblíquo átono **o** como sujeito do verbo **fazer**.

Leia o texto a seguir, publicado no *site* de um jornal do Sul do Brasil, em que há dois pronomes pessoais do caso reto empregados de forma diferente da prescrição da norma-padrão.

Seu pet não precisa sofrer: acupuntura para cães e gatos em Curitiba

A prática de domesticar cães e gatos é milenar e, desde então, esses amiguinhos de quatro patas são tratados como membros da família. São muitos momentos e alegrias compartilhadas com os pets. Por isso, ao ver eles sofrendo por alguma debilidade física, seja proveniente de uma condição específica ou da idade avançada, acabamos sofrendo junto.

Elayne Massaini/Shutterstock

[...] com a acupuntura é possível resolver problemas digestivos ou gástricos, dores musculares e na coluna, dermatite alérgica, insuficiência renal, dificuldades de locomoção, entre outros [...], explica a Dra. Rika Yamane, veterinária especialista em acupuntura.

Dentre tantos casos de pacientes que a Dra. Rika tratou, um deles é a Maya, que foi diagnosticada com uma grave doença sanguínea. [...] com o tratamento da acupuntura, fitoterapia chinesa e moxa japonesa e muito amor, é claro, a especialista viu com seus próprios olhos a cadelinha recuperar o vigor.

"Vi ela chegando no consultório, após o tratamento, fazendo festa, dando patinha, pedindo biscoito e aprontando em casa. Nem parecia que estava tão doentinha. Esperamos que ela continue assim festeira, forte e plena", conta a veterinária. [...]

(Disponível em: https://odiariodemaringa.com.br/2023/02/27/seu-pet-nao-precisa-sofrer-acupuntura-para-caes-e-gatos-em-curitiba/. Acesso em: 4/7/2023.)

a) Identifique no texto os pronomes empregados de forma diferente da prescrição da norma-padrão. Depois, reescreva os trechos em que esses pronomes aparecem substituindo esses termos por pronomes recomendados pela gramática normativa.

b) Compare sua resposta ao item **a** com o texto original. Troque ideias com os colegas e o professor e conclua: Por que, no texto em estudo, a colocação pronominal foi feita dessa forma?

c) Reescreva as frases a seguir, transformando as orações subordinadas desenvolvidas em reduzidas, de acordo com a norma-padrão.

- Notei que ele chegou sozinho à festa.

- Percebi que ela estava triste naquele dia.

- Senti que eles ficaram confiantes na vitória.

8. Às vezes, por excesso de subordinação, podemos redigir textos prolixos, principalmente quando as orações subordinadas são desenvolvidas. O texto que segue, por exemplo, apresenta várias orações subordinadas substantivas desenvolvidas. Depois de lê-lo, reescreva-o, passando para a forma reduzida as orações destacadas.

> É conveniente **que todos mantenham seus exames médicos em dia e que colaborem diretamente na promoção de uma vida saudável**; caso contrário, aumentará a possibilidade **de que boa parte da população envelheça com mais doenças e de que os hospitais fiquem sobrecarregados**. Sem dúvida, o melhor é **que façamos um investimento mais pesado na prevenção**.

PARA ESCREVER COM adequação

Estratégias de impessoalização da linguagem

Leia o texto a seguir — a introdução de um informativo sobre usos e cuidados relacionados à internet.

Em média, 93% das crianças e adolescentes do Brasil com idades entre 9 e 17 anos têm acesso à internet. No entanto, a qualidade desse acesso varia muito entre as classes sociais de maior e menor renda. Estes e outros dados estão presentes na pesquisa TIC Kids, realizada pelo Centro Regional de Estudos para o Desenvolvimento da Sociedade da Informação (Cetic.br) e apresentada, no dia 16 de agosto, em evento realizado pelo Comitê Gestor da Internet no Brasil (CGI.br). O trabalho tem como objetivo compreender de que forma essa população utiliza a Internet e como lida com os riscos e as oportunidades decorrentes desse uso. [...]

Lopolo/Shutterstock

Esse estudo tem grande importância para a educação por ter como público-alvo a faixa etária dos estudantes dos ensinos fundamental e médio. O levantamento ouviu 2.651 pessoas de 9 a 17 anos, de todo o território nacional, entre outubro de 2021 e março de 2022.

[...]

Drica Guzzi, líder da Zeitgeist — Pesquisa, Tecnologias e Educação, foi uma das convidadas a falar no evento de lançamento dos resultados da TIC Kids. Segundo ela, a pesquisa traz muitos insights e possibilidades de compreensão da realidade. "Se por um lado ela nos diz que 93% das crianças e adolescentes têm acesso à internet, por outro lado ela nos informa que esse acesso não é igual em várias dimensões. Não é igual em termos de qualidade de conexão, tipo de dispositivo, tipo, qualidade e quantidade de dados acessados. Então, ela mostra a importância de incorporarmos em nosso discurso a ideia de um acesso significativo [um acesso com qualidade], porque apenas o dado de quantos têm acesso [93%] não dá conta da realidade".

Para Ciro Biderman, pesquisador da FGV, outro convidado a falar no evento, "a pandemia exigiu que a educação buscasse soluções para enfrentar a necessidade de aulas não presenciais. Essas soluções passaram por uma melhora na conectividade e na qualidade dos dispositivos presentes na escola, mas também passaram por uma formação dos professores para trabalhar em ambiente virtual. Ou seja, hoje temos uma estrutura já montada e que pode ser uma oportunidade para reduzir as desigualdades no que diz respeito ao acesso a tecnologias digitais."

[...].

(Disponível em: https://www.fundacaotelefonicavivo.org.br/noticias/pesquisa-tic-kids-mostra-que-93-das-criancas-e-adolescentes-no-brasil-tem-acesso-a-internet/. Acesso em: 4/7/2023.)

1. Ao abordar o uso da internet por crianças e adolescentes, o texto apresenta um dado de pesquisa que chama a atenção do leitor.

a) Deduza: Por que esse dado chama a atenção?

b) Logo em seguida, é feita uma ressalva. Identifique a expressão que introduz essa ressalva e explique qual é ela.

Prostock-studio/Shutterstock

c) Quais vozes de autoridade são citadas no primeiro parágrafo e que efeito de sentido elas conferem ao texto?

2. Releia a primeira frase do texto e observe o emprego dos substantivos **crianças**, **adolescentes** e **idades**.

a) Qual(is) deles é (são) precedido(s) de artigo e qual(is) não é (são)?

b) Explique os efeitos de sentido criados pela presença e pela ausência de artigos junto aos substantivos.

3. No segundo parágrafo, há uma avaliação do enunciador sobre o estudo.

a) Identifique as palavras do texto que expressam essa avaliação.

b) Que argumento é utilizado para justificar essa avaliação?

c) Troque ideias com os colegas e o professor: Trata-se de uma avaliação subjetiva, que parte de uma opinião do autor, ou ela é objetiva, pois parte de fatos? Justifique sua resposta.

d) Identifique os sujeitos das orações principais nas duas frases que compõem esse parágrafo, depois levante hipóteses: Que efeito de sentido o emprego desses termos constrói no texto?

4. Releia as falas das pessoas convidadas para o evento, citadas no terceiro e no quarto parágrafos.

a) Nessas falas foram empregadas palavras flexionadas na 1ª pessoa do plural. Identifique-as.

b) A quem essas palavras se referem?

c) Considerando suas respostas anteriores, conclua: Que efeito de sentido a utilização do pronome de 1ª pessoa do plural como uma referência genérica constrói em um texto?

Releia a fala do pesquisador da Fundação Getulio Vargas (FGV) para responder às questões 5 e 6:

"'[...] a pandemia exigiu que a educação buscasse soluções para enfrentar a necessidade de aulas não presenciais. Essas soluções passaram por uma melhora na conectividade e na qualidade dos dispositivos presentes na escola, mas também passaram por uma formação dos professores para trabalhar em ambiente virtual [...]'."

5. Observe os termos que cumprem a função de sujeito nas orações que constituem essa fala. Esses sujeitos representam diretamente as pessoas e as instituições responsáveis pelas ações verbais no mundo? Justifique sua resposta.

6. A fala do pesquisador é composta de duas frases.

a) Em qual das frases predomina o uso de nominalizações (utilização de nomes em vez de verbos) e em qual das frases predomina a utilização de formas verbais? Justifique sua resposta com palavras da fala.

b) Compare a fala do pesquisador a esta proposta de reescrita:

> A pandemia trouxe a exigência da busca de soluções para o enfrentamento da necessidade de aulas não presenciais. Essas soluções passaram por melhorar a conectividade e a qualidade dos dispositivos que existem na escola, mas também passaram por formar os professores para trabalhar em ambiente virtual.

Troque ideias com os colegas e o professor: Qual é a diferença de sentido entre as construções nominalizadas e as construções que privilegiam o uso de formas verbais?

c) Identifique, na fala da outra convidada, um trecho em que foi empregada uma construção nominalizada.

7. As formas verbais empregadas no texto estão predominantemente no presente do indicativo e, pontualmente, no pretérito perfeito do indicativo.

a) A seguir, as opções detalham circunstâncias nas quais o presente do indicativo costuma ser utilizado. Assinale a opção que justifica o seu uso no texto em estudo.

- [ ] Simultaneidade entre o momento da fala e o que se expressa.
- [ ] Processos e ações habituais, regulares.
- [ ] Futuro próximo, tido como realização certa.
- [ ] Presente atemporal, com ideia de universalidade ou verdade.

b) Agora, assinale a opção que descreve de forma mais adequada a função do pretérito perfeito na construção da argumentação do texto lido.

- [ ] Contar episódios vividos pelos convidados citados.
- [ ] Fazer referências pontuais a fatos já ocorridos.
- [ ] Contabilizar os dados da pesquisa mencionada.
- [ ] Descrever o que se passou no evento noticiado.

Ao longo do estudo, você observou algumas estratégias de impessoalização da linguagem. Entre esses recursos, estão:

- o emprego de verbos no infinitivo e de substantivos abstratos como sujeito das orações;
- nominalizações e ausência de artigos definidos, que permitem maior generalização;
- o uso do presente do indicativo, que constrói a ideia de verdade atemporal, sem que o autor precise explicitamente se comprometer com as informações do texto;
- a referência a vozes de autoridade, que dão credibilidade ao que é dito.

Essas estratégias, ao construir efeitos de impessoalização e generalização, contribuem para que o texto se destine a um público leitor mais amplo e que seu conteúdo seja interpretado como uma verdade permanente ou como um conhecimento admitido e compartilhado por todos.

Exercícios

Leia o texto de divulgação científica a seguir.

Se o latim é uma língua morta, quando morreu?

Por **Bruno Vaiano**

Inga Ivanova/Shutterstock

A queda do Império Romano do Ocidente, em 476, marca o início do fim do latim. "Não deixou de ser falado da noite para o dia", diz Neiva Ferreira Pinto, professora da Universidade Federal de Juiz de Fora.

O latim falado pela plebe — que nessa altura já era bem diferente do latim escrito da Igreja, da poesia épica e de documentos oficiais — se misturou cada vez mais às línguas das populações nativas (os ditos "bárbaros") de cada território que costumava pertencer ao Império fragmentado.

Formaram-se vários dialetos, que depois seriam "promovidos". Assim, nasceram línguas como francês, espanhol e o nosso português (que teve até influência árabe, graças à prolongada presença moura na Península Ibérica durante a Idade Média).

Por muito tempo, porém, o latim formal continuou sendo a língua oficial da Igreja Católica. A Bíblia não tinha tradução, e as missas eram rezadas como se ainda estivéssemos em Roma.

Hoje, o latim sobrevive no jargão jurídico e científico, mas não tem falantes nativos: muitas das culturas que derivam de Roma de alguma forma falam línguas que descendem do latim, mas não são latim.

(Disponível em: https://super.abril.com.br/blog/oraculo/se-o-latim-e-uma-lingua-morta-quando-morreu/. Acesso em: 30/6/2023.)

1. Identifique as estratégias de impessoalização utilizadas no texto para:

a) conferir maior credibilidade ao que é dito;

____

____

b) criar um efeito de verdade atemporal.

____

____

____

2. O uso da voz passiva também é uma estratégia de impessoalização da linguagem.

a) Identifique no texto enunciados na voz passiva.

b) É possível identificar o responsável pelas ações verbais dessas orações?

3. O texto é um artigo de divulgação científica.

a) Qual é o objetivo do texto?

b) De que área do conhecimento científico é o assunto abordado?

c) Observe as seguintes expressões empregadas no texto: "o latim [...] se misturou", "depois", "por muito tempo", "muitas das culturas", "de alguma forma". As expressões são especificadoras ou generalizantes? Justifique sua resposta.

abdelsalam/Shutterstock

d) Relacione o emprego dessas expressões ao objetivo do texto e levante hipóteses: Por que elas foram empregadas?

4. Há dois termos marcados pelo uso de aspas. Identifique-os e depois responda: Qual é o efeito do uso desse recurso nas palavras em que foi empregado no texto em estudo?

5. Releia o seguinte trecho.

"Assim, nasceram línguas como francês, espanhol e o nosso português"

a) Identifique os nomes empregados no trecho.

b) Em relação aos três primeiros nomes identificados, eles estão acompanhados de artigos? Qual é o efeito desse emprego?

c) Por que apenas **português** está antecedido por um pronome? Qual é o efeito de sentido construído por seu uso?

DIVIRTA-SE

(Fernando Gonsales. *Níquel Náusea — Nem tudo que balança cai.* São Paulo: Devir, 2003. p. 12.)

·CAPÍTULO·
4

O pronome relativo

Construindo o conceito

Leia o texto a seguir.

Imagem cedida pelo Sindicato Nacional dos Auditores Fiscais do Trabalho (SINAIT) para esta edição. Ela foi usada em uma campanha institucional da entidade que chama a atenção para a prática ilegal e a exploração de crianças e adolescentes no trabalho.

(Disponível em: https://www.sinait.org.br/site/noticia-view?id=18619%2Fretrospectiva+2020sinait+lanca+campanha+institucional+2020-2021%2C+com+foco+no+combate+ao+trabalho+infantil. Acesso em: 20/7/2023.)

1. Esse texto faz parte de uma campanha.

a) Qual é o principal objetivo dele e da campanha? Justifique sua resposta com elementos do texto.

b) Quem é o responsável por esse texto e a quem ele se dirige?

c) O cata-vento colorido no canto superior direito destoa do restante da imagem. Levante hipóteses: Qual é o sentido dele no contexto?

2. A imagem de fundo é propositalmente ambígua, isto é, representa duas coisas simultaneamente.

a) Explique como essa ambiguidade foi construída e qual é a relação dela com o tema.

b) Identifique, no texto verbal, a expressão que dialoga diretamente com essa ambiguidade da imagem de fundo. Justifique sua resposta.

c) Que sentidos a exploração dessa ambiguidade constrói no texto?

3. Logo abaixo do texto verbal central em letras maiores, há três *hashtags*.

a) Qual é a função dessas *hashtags* no contexto?

b) Deduza: Por que elas foram escritas em três idiomas diferentes? Qual sentido esse recurso constrói no texto?

4. Observe este enunciado:

O trabalho infantil é uma realidade que poucos conseguem ver.

a) A frase acima é composta de quantas orações? Justifique sua resposta.

b) Identifique a palavra que liga as duas orações desse texto.

c) A palavra identificada por você no item **b**, além de ligar as orações, refere-se a um termo empregado na primeira oração. Que termo é esse?

d) Reescreva as duas orações transformando-as em duas frases e substituindo a palavra que liga as duas por aquela à qual ela se refere.

Conceituando

Pronome relativo

Ao responder às questões anteriores, você pôde notar que, no período "O trabalho infantil é uma realidade que poucos conseguem ver", há duas orações, ligadas pelo conectivo **que**. Pôde notar também que o conectivo **que** substitui, na 2ª oração, um termo antecedente — **realidade** —, expresso na 1ª oração. A palavra **que**, nesse contexto, é chamada de **pronome relativo**.

Pronome relativo é aquele que liga duas orações, substituindo na segunda oração um termo antecedente, isto é, um termo já expresso na primeira oração.

Os pronomes relativos são **que**, **quem**, **o qual** (**a qual**, **os quais**, **as quais**), **onde** (equivalendo a **em que**), **quanto** (**quanta**, **quantos**, **quantas**) e **cujo** (**cuja**, **cujos**, **cujas**) e podem ser precedidos ou não de preposições. Veja:

- A escola **onde** vou estudar é longe da minha casa.
- O aluno **a quem** confiei as notas é muito responsável.

  (a = preposição)

Os pronomes relativos, excetuando-se **cujo**, **cuja**, **cujos**, **cujas**, podem ser facilmente substituídos pelo relativo **o qual** e suas variantes (**a qual**, **os quais**, **as quais**). Observe:

- A menina de **quem** você gosta passou por aqui.
- A menina da **qual** você gosta passou por aqui.

Lembre-se

Nos anos anteriores, você estudou cinco tipos de pronomes: **pessoais**, **possessivos**, **demonstrativos**, **indefinidos** e **interrogativos**. O **pronome relativo** completa o grupo dos seis tipos de pronome existentes na língua.

Exercícios

1. Una as orações a seguir por meio de um destes pronomes relativos: **que**, **quem**, **o qual**, **a qual**, **onde**. Veja o exemplo:

- **A paixão por livros** é compartilhada nas redes sociais. **A paixão por livros** une jovens de todo mundo.
- A paixão por livros, **que** é compartilhada nas redes sociais, une jovens de todo o mundo.

a) **As bandas da cidade** tocarão no festival este ano. **As bandas da cidade** tiveram suas apresentações canceladas no ano passado.

____

____

____

b) **A adolescente** se tornou uma das maiores blogueiras de moda do país. **A adolescente** trabalhava como estagiária em uma grande marca de cosméticos.

____

____

____

____

c) Este ano a escola solicitou **um caderno diferente**. **O caderno diferente** tem folhas quadriculadas.

d) Todos os anos é realizada **a campanha Papai Noel dos Correios**. **A campanha Papai Noel dos Correios** incentiva voluntários a adotar cartinhas de crianças carentes. As cartinhas de crianças carentes contêm pedidos de presentes de Natal.

2. O primeiro dos dois textos que seguem se refere a uma expressão muito popular, e o segundo, a uma especificidade do uniforme de algumas seleções de futebol. Leia-os.

Como surgiu a expressão "falar pelos cotovelos"?

A frase, que significa "falar demais", surgiu do costume que as pessoas muito falantes têm de tocar o interlocutor no cotovelo a fim de chamar mais a atenção. O folclorista brasileiro Câmara Cascudo fazia referência às mulheres do sertão nordestino, que à noite, na cama com os maridos, tocavam-nos para pedir reconciliação depois de alguma briga.

(Marcelo Duarte. *Guia dos curiosos*. Disponível em: https://www.guiadoscuriosos.com.br/curiosidade_dia/como-surgiu-a-expresso-falar-pelos-cotovelos/. Acesso em: 25/6/2023.)

Roman Samborskyi/Shutterstock

Por que algumas seleções não jogam com as cores de sua bandeira?

Os dois casos mais conhecidos são de italianos e holandeses, mas não são os únicos. A Itália joga de azul e os holandeses, de laranja por estas serem as cores de suas respectivas famílias reais. A Itália usa a cor oficial da Casa de Savóia, que governou a região entre 1861 e 1946. [...] Pela mesma razão, a Holanda veste o laranja da dinastia Orange-Nassau, que teve início com Guilherme I, Príncipe de Orange, em 1544. [...]

feelphoto/Shutterstock

Austrália — verde e amarelo

O verde e o dourado começaram a ser usados pela seleção de críquete no final do século XIX. As cores fazem referência à Golden Wattle (que nós conhecemos no Brasil como acácia), árvore abundante num país que se orgulha muito de suas riquezas naturais. [...]

Nova Zelândia — preto

O preto se tornou a cor do país por influência da Seleção de Rúgbi, o "All Blacks". A federação de rúgbi foi fundada em 1892 e, naquele mesmo ano, a seleção neozelandesa [...] iria enfrentar as equipes britânicas: Inglaterra, País de Gales, Irlanda e Escócia. A Nova Zelândia escolheu uma cor para o uniforme que não se conflitasse com nenhum desses adversários [...]: o preto.

(Disponível em: https://www.guiadoscuriosos.com.br/esportes/por-que-algumas-selecoes-nao-jogam-com-as-cores-de-sua-bandeira/. Acesso em: 25/6/2023.)

Identifique em cada um dos textos os pronomes relativos e o termo antecedente que cada pronome relativo substitui.

Como analisar sintaticamente o pronome relativo

Leia este cartum, de Angeli:

1. Observe os personagens do cartum e o diálogo que mantêm.

a) O que a forma de tratamento **Excelência**, empregada pelo homem de chapéu, revela a respeito da condição social de seu interlocutor?

b) Observe a caracterização física do homem de chapéu. O que essa caracterização sugere a respeito dele?

2. Um documento se caracteriza por ser a expressão escrita de uma verdade referente a fatos ou pessoas.

a) Dessa forma, que contradição existe entre o que o homem de chapéu afirma no primeiro e no último balão?

b) Ao examinar os documentos, o homem de terno diz que se trata de uma "armação da grossa". Qual é o sentido dessa expressão, no contexto?

3. Na terceira e na quarta cena, o homem de chapéu apresenta outros documentos, que, segundo ele, provam a falsidade dos documentos do primeiro envelope. O humor da tira se constrói na oposição entre essa revelação e o diálogo da primeira cena.

a) Explique por quê.

b) A tira foi publicada em um momento em que se identificavam casos de corrupção no Brasil envolvendo políticos e empresários. Considerando o contexto, sobre o que o cartum nos leva a refletir?

Observe a estrutura sintática destas frases:

- Excelência, neste envelope há **documentos que** provam a existência de um esquema de falcatruas!
  (1ª oração: Excelência, neste envelope há documentos / 2ª oração: que provam a existência de um esquema de falcatruas!)

- Ora, [contém] **documentos que** provam a falsidade do primeiro!
  (1ª oração: Ora, [contém] documentos / 2ª oração: que provam a falsidade do primeiro!)

Nas duas frases, a 2ª oração se liga à 1ª por meio do pronome relativo **que**, que substitui o termo **documentos** expresso anteriormente.

Para identificar a função sintática que um pronome relativo exerce em uma oração, nós o substituímos pelo antecedente e o classificamos. Veja:

antecedente
- [...] há **documentos** / **que** provam a existência [...]
  / **documentos** provam a existência
  (documentos: sujeito)

antecedente
- [...] há **documentos** / **que** provam a falsidade [...]
  / **documentos** provam a falsidade
  (documentos: sujeito)

© Angeli/Folha de S.Paulo 11.11.1998/Fotoarena

Assim, nas frases acima, o pronome relativo **que** desempenha a função de **sujeito**.

A morfossintaxe dos pronomes relativos

Como os demais tipos de pronome, o pronome relativo exerce uma função sintática específica na oração de que faz parte. Assim, pode desempenhar as funções de sujeito, objeto direto, objeto indireto, complemento nominal, predicativo do sujeito, agente da passiva, adjunto adverbial e adjunto adnominal. Observe:

pronome relativo

Já partiram **os alunos** **que** vão participar do campeonato.

(os alunos: sujeito da 1ª oração; que: sujeito da 2ª oração)

Observe outros exemplos:

- Esta é **a garota** | **que** nós vimos na TV.
  (antecedente: a garota; que = OD)
  nós vimos **a garota** na TV
  VTD — OD

- **O livro** | **de que** preciso | é este.
  (antecedente: O livro; de que = OI)
  preciso **do livro**
  VTI — OI

- Voltarei a ser **a boa aluna** | **que** eu era.
  (antecedente: a boa aluna; que = PS)
  eu era **boa aluna**
  VL — PS

Exercícios

Leia o poema a seguir, de Roseana Murray, e responda às questões 1 e 2.

Clareira

Ando para trás
em minhas próprias pegadas,
no sulco que os pés escreveram
ao longo dos séculos
até chegar na clareira varrida
onde se reúnem todas as mulheres
que fui,
as feiticeiras, as atormentadas,
as loucas em noites de lua,
as que comiam terra.

(*Poemas para ler na escola*. Rio de Janeiro: Objetiva, 2011. p. 64.)

Filipe Rocha/Acervo da editora

1. Quem é o eu lírico do poema? Quem ele representa?

____

2. Reconheça a função sintática dos pronomes relativos nos seguintes versos do poema.

a) "no sulco que os pés escreveram" ______________________

b) "onde se reúnem todas as mulheres" ______________________

c) "que fui" ______________________

d) "as que comiam terra" ______________________

Leia o meme a seguir para responder às questões 3 a 5.

(Disponível em: https://www.criarmeme.com.br/meme/57505. Acesso em: 5/7/2023.)

3. O humor do meme provém da contraposição de dois perfis de pessoas.

a) Explique essa contraposição.

____

b) Você se identifica com um desses perfis? Por quê?

____

c) O que o meme critica, ao contrapor esses dois perfis?

____

____

____

4. Observe a fotografia de fundo do meme.

a) Que sentimentos a expressão do cachorro sugere?

____

b) Explique a relação entre a imagem e a parte verbal.

____

____

5. No texto verbal da parte inferior do meme, foram empregados dois pronomes relativos.

a) Identifique esses pronomes e os seus antecedentes.

b) Identifique a função sintática exercida pelos pronomes relativos no meme.

O pronome relativo cujo

O pronome relativo **cujo** é empregado em circunstâncias diferentes daquelas em que são empregados os demais pronomes relativos. Ele liga dois termos, estabelecendo entre eles uma relação similar à estabelecida pelos pronomes possessivos.

Veja:

A igreja, **cuja** cúpula está inacabada, vem sendo construída há mais de vinte anos.

Separando as orações, temos:

- A igreja vem sendo construída há mais de vinte anos.
- A cúpula **da igreja** está inacabada.
  adj. adnominal

(cúpula da igreja/cúpula dela = sua cúpula: valor de possessivo)

Observe que, na frase "A cúpula da igreja está inacabada", a expressão "da igreja", que o pronome relativo **cuja** substitui, é um adjunto adnominal. Como o pronome **cujo** sempre acompanha um nome, geralmente sua função é de **adjunto adnominal**.

Lembre-se:

- O pronome relativo **cujo** é variável e concorda em gênero e número com o termo que o sucede.
- Nunca há artigo após o pronome **cujo**.

Veja:

- A escritora, **cujo** trabalho sempre foi muito elogiado, decidiu se aposentar.
- A escritora, **cujos** livros sempre foram muito elogiados, decidiu se aposentar.
- A escritora, **cuja** produção sempre foi muito elogiada, decidiu se aposentar.
- A escritora, **cujas** obras sempre foram muito elogiadas, decidiu se aposentar.

O pronome relativo onde

De acordo com a norma-padrão da língua, o pronome relativo **onde** é empregado somente para indicar um lugar concreto, nunca uma situação. Observe:

O hotel (antecedente) **onde** (pronome relativo) nos hospedamos.

Se o termo antecedente for uma situação, e não um lugar, recomenda-se empregar **em que**:

No final do ano, ela fez uma apresentação **em que** cantou o melhor de seu repertório.

Onde ou aonde

Existem as duas formas. Mas, de acordo com a norma-padrão, a forma **aonde** deve ser empregada apenas com verbos que indicam movimento, como **ir**, **chegar**, **levar**, etc. Veja: "A casa **onde** estou é arejada" e "A casa **aonde** vou é arejada".

Quando o verbo rege a preposição **de**, podemos empregar **donde** ou **de onde**: "A casa **donde**/**de onde** vim é arejada".

Como o pronome relativo **onde** substitui um antecedente que indica lugar, sua função sintática é sempre a de **adjunto adverbial de lugar**.

Exercícios

Leia a seguir os trechos inicial e final do texto "Do Amor à Pátria", de Vinicius de Moraes:

São doces os caminhos que levam de volta à pátria. Não à pátria amada de verdes mares bravios, a mirar em berço esplêndido o esplendor do Cruzeiro do Sul; mas a uma outra mais íntima, pacífica e habitual — uma cuja terra se comeu em criança, uma onde se foi menino ansioso por crescer, uma onde se cresceu em sofrimentos e esperança plantando canções, amores e filhos ao sabor das estações.

[...] é possível que o padre Vieira esteja certo ao dizer que a ausência é, depois da morte, a maior causa da morte do amor. Mas não do amor à terra onde se cresceu e se plantou raízes, à terra a cuja imagem e semelhança se foi feito e onde um dia, num pequeno lote, se espera poder nunca mais esperar.

(Disponível em: https://www.viniciusdemoraes.com.br/pt-br/prosa/do-amor-patria. Acesso em: 5/7/2023.)

Filipe Rocha/Acervo da editora

1. No trecho lido, o autor fala de sua relação com sua pátria.

a) É possível considerar que essa relação é:

☐ conflituosa, pois ele não pretende voltar a sua pátria nunca mais.

☐ afetuosa, pois ele tem grande amor por sua pátria, mesmo distante.

☐ penosa, pois ele sofre ao recordar episódios da infância em sua pátria.

b) No primeiro parágrafo, ele contrapõe duas pátrias. Troque ideias com os colegas e o professor e explique quais são elas.

c) No último parágrafo, o autor cita uma ideia do padre Vieira, escritor que viveu no século XVII. Que ideia é essa? Ele concorda com ela? Justifique sua resposta com base no texto.

d) Levante hipóteses: Qual é o sentido, no contexto, do trecho final: "onde um dia, num pequeno lote, se espera poder nunca mais esperar"?

2. Nos dois parágrafos foi empregado o pronome relativo **onde**. Observe:

- "onde se foi menino ansioso por crescer"
- "onde se cresceu em sofrimentos e esperança"
- "onde se cresceu e se plantou raízes"
- "onde um dia, num pequeno lote, se espera poder nunca mais esperar"

a) Nessas ocorrências, quais palavras foram substituídas pelo pronome relativo **onde**?

b) Reescreva os trechos analisados trocando o pronome relativo pelos termos que ele substitui.

____

____

____

c) Conclua: Que função sintática o pronome **onde** desempenha nesses trechos?

____

3. O pronome relativo **cuja** também foi empregado nos dois parágrafos.

a) Que expressão esse pronome substitui em cada ocorrência?

____

b) Reescreva os dois trechos em que o pronome **cuja** foi utilizado, trocando-o pelo termo que ele substitui.

____

c) Conclua: Qual é a função sintática do pronome relativo **cuja**?

____

4. Leia as manchetes a seguir, extraídas do portal BBC News Brasil, e complete as lacunas com **onde**, **cujo** ou **cuja**, de acordo com o sentido de cada uma.

a) Japão, o país ____________ as baleias voltaram ao cardápio

b) A adolescente ____________ passatempo é empalhar animais atropelados

c) A cidade do Alasca ____________ "dinheiro" cresce em árvore

d) Quem é o jornalista ____________ desaparecimento coloca a Arábia Saudita sob pressão global

e) A fascinante história da Rainha Vermelha, aristocrata ____________ tumba guardava segredos da civilização maia

f) O rio ____________ milhares de imigrantes arriscam a vida em busca do sonho americano

Leia o texto a seguir e responda às questões 5 e 6.

A ótima comida de rua de Singapura foi confinada em cercadinhos

[...]

Num bate-papo recente em São Paulo caiu na mesa o assunto da comida em Singapura. Estive lá neste ano e procurei aproveitar de tudo um pouco. [...]

E o que vi, o que provei? De um lado, a manifestação comum a sociedades ricas: a existência de restaurantes de alto padrão, com ingredientes da melhor qualidade, tocados por chefs altamente tarimbados.

De outro, a comida das barracas de rua, mas que, para minha decepção, não são mais servidas na rua, e sim em galpões muito organizados, espécies de praças de alimentação **onde** hoje trabalham os cozinheiros populares que um dia estiveram a céu aberto.

T.Dallas/Shutterstock

Como exemplo da vertente mais sofisticada, estive no Jaan, na cobertura do hotel Swissôtel, da qual, numa altura equivalente, se avista o edifício do Marina Bay Sands. [...]

Mas eu tinha a expectativa de conhecer também a cozinha de rua que ganhou ainda mais fama quando em 2016, pela primeira vez na história do conservador Guia Michelin, este concedeu uma estrela a dois vendedores ambulantes.

Um dos premiados, o Hong Kong Soya Sauce Chicken Rice & Noodle (agora rebatizado como Hawker Chan), é especializado naquilo que seu nome anuncia: frango refogado com molho de soja, acompanhado por arroz ou massa fina, servido pelo cozinheiro Chan Hon Meng por menos de US$ 2.

Só que Chan, de 54 anos, há quase 40 na função, não é mais um vendedor de rua — porque eles não existem mais. Continuam sendo chamados de ambulantes, como no século 18, mas desde os anos 1970 começaram a ser removidos das ruas e centralizados nesses galpões. [...]

Na conversa que abriu esta coluna, observei meu incômodo com o fato de que o movimento da comida de rua tenha sido enquadrado de forma tão severa pelas autoridades. Isso reflete minha alergia a regimes autocráticos (como o de Singapura), **onde** dirigentes decidem, sem consulta e sem apelação, o que é "melhor" para o povo. Quando isso atinge a comida, então, mais razão ainda para atiçar minha antipatia.

Fui contestado por alguém na mesa, que argumentou que o sistema atual garante mais higiene e segurança alimentar para o público do que provavelmente o que imperava antes.

No que eu devo concordar. [...]

Acontece que neste ano mesmo estive na Tailândia, e em Bancoc ainda sobrevive a tradição da comida de rua servida... na rua. Meu companheiro de mesa pergunta se a higiene não seria menor ali. É possível, embora seja também possível criar fiscalização, dar licenças para ambulantes sem necessariamente deslocá-los para cercadinhos institucionais.

Tenho a impressão de que, nas ruas **onde** nasceram, os ambulantes e suas bancas que não tiverem comida boa e saudável serão punidos pelo público, que fará filas na banca do lado. Com todos os riscos que eu possa correr (inclusive o de estar errado nessa questão delicada), prefiro arriscar na espontaneidade e na liberdade.

(Josimar Melo. Disponível em: https://www1.folha.uol.com.br/colunas/josimarmelo/2019/11/a-otima-comida-de-rua-de-singapura-foi-confinada-em-cercadinhos.shtml. Acesso em: 11/7/2023.)

5. No texto lido, destacamos as três ocorrências do pronome relativo **onde**.

a) Identifique o termo ao qual ele se refere em cada uma dessas ocorrências.

b) Em uma dessas ocorrências, seria mais adequado o uso de outra forma pronominal. Que forma é essa? Justifique sua resposta e reescreva o trecho, fazendo a substituição.

c) Identifique o pronome relativo empregado no 4º parágrafo do texto e a palavra do texto a que ele se refere.

d) Reescreva o 4º parágrafo, substituindo o pronome relativo identificado por você no item **c** pelo pronome **onde** e fazendo as devidas alterações.

6. Releia o trecho final do texto:

> "os ambulantes e suas bancas que não tiverem comida boa e saudável serão punidos pelo público, que fará filas na banca do lado. Com todos os riscos que eu possa correr (inclusive o de estar errado nessa questão delicada), prefiro arriscar na espontaneidade e na liberdade."

a) Identifique os pronomes relativos empregados nesse trecho, bem como seus respectivos referentes.

b) Indique as funções sintáticas de cada pronome identificado por você no item **a**.

c) Encontre mais três trechos do texto que apresentem construções similares, nas quais esse mesmo pronome relativo é utilizado.

____

____

____

O pronome relativo NA CONSTRUÇÃO DO TEXTO

Leia este poema de Ulisses Tavares:

Além da imaginação

Tem gente passando fome.
E não é a fome que você imagina
entre uma refeição e outra.
Tem gente sentindo frio.
E não é o frio que você imagina
entre o chuveiro e a toalha.
Tem gente muito doente.
E não é a doença que você imagina
entre a receita e a aspirina.
Tem gente sem esperança
E não é o desalento que você imagina
entre o pesadelo e o despertar.
Tem gente pelos cantos.
E não são os cantos que você imagina
entre o passeio e a casa.
Tem gente sem dinheiro.
E não é a falta que você imagina
entre o presente e a mesada.
Tem gente pedindo ajuda.
E não é aquela que você imagina
entre a escola e a novela.
Tem gente que existe e parece
imaginação.

(*Viva a poesia viva*. São Paulo: Saraiva, 1997. p. 57.)

Filipe Rocha/Acervo da editora

1. No poema, a expressão "Tem gente" inicia sete grupos de três versos.

Filipe Rocha/Acervo da editora

a) Que formas verbais podem substituir o verbo **ter** nessa expressão?

____

____

b) A palavra **gente**, no contexto, se refere à totalidade das pessoas ou a determinado número delas?

____

____

2. Há, no poema, sete grupos de três versos, nos quais se afirma algo sobre essas pessoas.

a) O que se afirma constitui propriedades positivas ou carências dessas pessoas? Nomeie essas propriedades, empregando substantivos adequados.

____

____

____

____

b) A quem se refere a palavra **você**, empregada no segundo verso de cada grupo?

____

c) A palavra **e**, que inicia o segundo verso de cada grupo, estabelece que tipo de relação entre esse verso e o verso anterior: de acréscimo ou de oposição?

____

____

d) Supostamente, o que o leitor pode imaginar sobre as carências vividas por essas pessoas?

____

____

3. A palavra **que** foi empregada várias vezes no poema.

a) Em "**que** você imagina", qual é a função sintática que o pronome relativo desempenha?

____

Para que servem os pronomes relativos?

O pronome relativo é um importante componente da coesão textual: liga orações e retoma termos já expressos no enunciado, evita repetições e, assim, torna o texto mais enxuto e dinâmico.

b) Nas orações correspondentes aos versos 1, 4 e 19, o pronome relativo está implícito nas formas verbais que estão no gerúndio. Desenvolva as três orações, utilizando pronome relativo, e classifique sintaticamente o pronome.

4. Nos sete grupos de três versos, há um diálogo com o leitor.

a) Qual é a finalidade desse diálogo?

b) Nos dois versos finais, há um pleonasmo: "Tem gente que existe". Qual é o sentido desse pleonasmo no contexto?

5. Como conclusão a respeito da relação entre as ideias gerais do poema e o papel que o pronome relativo desempenha nele, assinale a afirmação falsa:

- [ ] A presença de vários pronomes relativos no poema se justifica pela finalidade que o texto tem: descrever uma ideia que, por meio deles, é retomada várias vezes.
- [ ] Na maior parte de suas ocorrências, o pronome relativo desempenha a função sintática de objeto direto, o que coincide com o ponto de vista do eu lírico de que há uma realidade que é objeto da imaginação do leitor e não coincide com a realidade concreta.
- [ ] O leitor formula, às vezes, conceitos com base em sua realidade pessoal, criando uma imagem equivocada sobre a sociedade em geral.
- [ ] O título do poema, "Além da imaginação", sugere que o leitor é incapaz de se conscientizar da existência do outro, por viver fechado em sua imaginação e distanciado da realidade.

SEMÂNTICA E DISCURSO

Leia o anúncio abaixo.

Leitura Alimenta/Leo Burnett/Livraria da Vila/Cesta Nobre

Disponível em: https://br.pinterest.com/pin/espie-e-participe--118149190197236656/. Acesso em: 25/7/2023.

1. O anúncio publicitário faz parte de um projeto ou uma campanha.

a) Qual é a finalidade do anúncio?

b) Quem são seus locutores ou enunciadores?

2. O enunciado "Tem gente que não tem tempo para ler. E tem gente que não tem livro" estabelece uma oposição entre diferentes tipos de pessoas e revela um grave problema social.

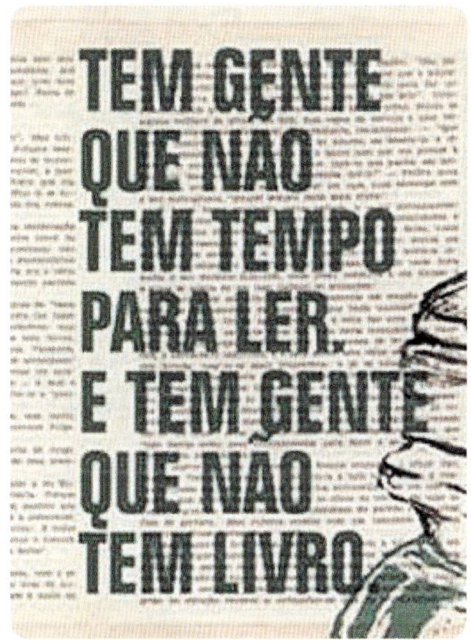

Fotos: Leitura Alimenta/Leo Burnett/Livraria da Vila/Cesta Nobre

a) Que problema é esse?

b) Identifique os pronomes relativos empregados no enunciado e indique sua função sintática.

Leitura Alimenta/Leo Burnett/Livraria da Vila/Cesta Nobre

3. O enunciado "Leitura alimenta" é o nome do projeto.

a) Considerando-se o contexto, o enunciado apresenta ambiguidade. Explique por quê.

b) Que outros elementos do anúncio reforçam a ideia de leitura como alimento?

4. O que você acha desse projeto? Você contribuiria, doando um livro? Por quê? Que outros elementos você acha que poderia haver nessa cesta, além de alimentos e livro? Troque ideias com o professor e os colegas.

DE OLHO NA escrita

Emprego de por que, por quê, porque e porquê

Leia esta tira:

(Disponível em: https://licensing.andrewsmcmeel.com/features/ga?date=1979-05-28. Acesso em: 30/6/2023.)

1. O humor da tira é construído com base no senso comum sobre as manhãs de segunda-feira.

a) Qual é a opinião mais comum sobre as manhãs de segunda-feira?

____

____

b) Podemos afirmar que Garfield faz uma provocação ao leitor. No que consiste essa provocação?

____

____

____

2. Observe o emprego da palavra **porque** no 2º quadrinho.

a) Em que posição a expressão se encontra: no início ou no fim da frase?

____

b) A frase é afirmativa ou interrogativa?

____

c) Como a expressão está grafada?

____

____

3. Observe agora o emprego da palavra **porque** no 3º quadrinho.

a) A frase é afirmativa ou interrogativa?

____

b) No contexto, que ideia a palavra introduz?

- [ ] consequência
- [ ] causa ou explicação
- [ ] proporção

c) Como essa palavra está grafada?

____

A expressão **porque** pode ser grafada de quatro formas: **por que**, **por quê**, **porque** e **porquê**.

POR QUE ou POR QUÊ?

No 2º quadrinho da tira, Garfield pergunta ao leitor:

> Sabe **por quê**?

Ele também poderia ter feito a pergunta:

> **Por que** eu gosto das manhãs de segunda-feira?

Ou ainda:

> Eu gostaria de saber **por que** eu gosto das manhãs de segunda-feira.

Todas essas frases são interrogativas. A primeira e a segunda são interrogativas diretas, e a terceira é interrogativa indireta.

Na segunda e na terceira frases, há o emprego de **por que** (separado e sem acento), pelo fato de essa expressão estar no início e no meio da frase, respectivamente.

Na primeira frase, há o emprego de **por quê** (separado e com acento), pelo fato de estar no final da frase.

Com o sentido de "por que motivo, por que razão", **por que** (separado), com ou sem acento — dependendo de sua posição na frase —, é empregado também em frases afirmativas e interrogativas indiretas.

Observe, no meme ao lado, o emprego de **por que** e **porque**. No quadro superior o gatinho faz uma pergunta na qual se subentende a palavra **motivo** ou **razão**: Sabe por que **motivo/razão** o umbigo...? Já no quadro inferior, **porque** (junto e sem acento) introduz uma explicação sobre o que foi perguntado. Veja, agora, esta frase, adaptada do meme:

> Sabe o **porquê** de o umbigo se chamar umbigo?

Nela, empregou-se **porquê** (junto e com acento) visto que essa palavra aparece precedida do artigo **o**, substantivada, sendo sinônima de **motivo** ou **razão**.

(Disponível em: https://br.ifunny.co/picture/sabe-por-que-o-umbigo-se-chama-umbigo-porque-e-xEfAcuN98. Acesso em: 5/7/2023.)

Em resumo, emprega-se:

- **por que**: em frases interrogativas — diretas ou indiretas — e afirmativas;
- **por quê**: no final de frases, interrogativas e afirmativas;
- **porque**: em orações que explicam algo ou indicam a causa de algo;
- **porquê**: quando se trata de palavra substantivada, com o sentido de “motivo, razão”.

Exercícios

1. Complete o texto a seguir com **por que**, **por quê**, **porque** ou **porquê**.

Ciência

Seu cérebro não resiste a brigadeiro — e a ciência sabe o ____________

A grande questão é ser egoísta e reunir dois nutrientes, ao mesmo tempo, que o cérebro adora: gorduras e carboidratos

Por Ingrid Luisa

Não é à toa que o brigadeiro é um dos quitutes típicos do Brasil. [...] Até ____________ ninguém, de qualquer nacionalidade, resiste a esse montinho de chocolate concentrado. E a causa está nos seus nutrientes.

Quando você estiver *na bad* e sentir vontade instantânea de comer chocolate, não se culpe. O ser humano é um animal com características cognitivas complexas: para nós, comer é bem mais que apenas uma fonte de energia para o corpo. E um estudo recente, feito na Universidade de Yale, examinou exatamente como nossos cérebros respondem à comida. O resultado comprovou que alimentos ricos em carboidratos e gorduras desencadeiam uma quantidade gigante de reações no centro de recompensa do cérebro — bem mais que outros alimentos.

diogoppr/Shutterstock

[...]

Analisando os resultados, a equipe comprovou que os alimentos ricos em carboidratos e gorduras provocavam muito mais atividade no corpo estriado do cérebro — região envolvida no sistema de recompensa, que libera a dopamina —, em comparação com alimentos que continham apenas carboidratos ou gordura. Outra descoberta é que os participantes estavam muito dispostos a pagar mais pelos quitutes ricos em carboidratos e gordura, apesar de todas as comidas terem o mesmo poder em calorias. Agora entendemos ________________ gastamos 12 reais em um brigadeiro gourmet.

(Disponível em: https://super.abril.com.br/ciencia/seu-cerebro-nao-resiste-a-brigadeiro-e-a-ciencia-sabe-o-porque/. Acesso em: 30/6/2023.)

Leia esta tira de Alexandre Beck:

© Armandinho, de Alexandre Beck/Acervo do cartunista

(Disponível em: https://www.facebook.com/tirasarmandinho/photos/rpp.488356901209621/2837229506322337/?type=3&theater. Acesso em: 30/6/2023.)

2. Das formas **por que**, **por quê**, **porque** ou **porquê**, quais completam adequadamente o 1º e o 2º quadrinhos da tira? Justifique sua resposta.

____

____

3. Armandinho está lendo uma história e faz uma pergunta sobre ela:

a) Qual é a história lida? ______

b) O humor da tira é construído com base em uma contradição entre a explicação dada pela mãe a Armandinho e o que ela diz no último quadrinho. Explique essa contradição.

______

______

4. Transforme as frases interrogativas diretas em interrogativas indiretas, e vice-versa, observando a grafia da palavra **porque**. Veja o exemplo:

- Você não compareceu à aula de recuperação **por quê**?
- Eu gostaria de saber **por que** você não compareceu à aula de recuperação.

a) O jornalista quis saber **por que** os integrantes da banda não o receberam para realizar a entrevista.

______

b) Você não pode me acompanhar ao médico **por quê**?

______

DIVIRTA-SE

Quatro amigos estavam conversando e um deles disse:

— Sei uma piada sobre viagem no tempo, mas não vou contar para vocês.

— Por quê? — um deles perguntou.

— Porque vocês não gostaram!

Por que a batata não entende o pão?
Porque a batata é inglesa e o pão é francês.

Por que os pássaros voam para o sul?
Porque é muito longe para andar!

O filho chega da escola e pergunta para a mãe:
— Mãe, sabia que vermelho é a cor do amor?
— Sei sim meu filho, por quê? — ela questiona.
— Porque eu te amo! Olha aqui meu boletim.

(Domínio público)

·CAPÍTULO·
5

Orações subordinadas adjetivas

Construindo o conceito

Leia o anúncio publicitário a seguir.

Folhapress/Lew'Lara/TBWA

(*Folha de S.Paulo*, 18/2/2016.)

Lew'Lara\TBWA: agência de publicidade internacional, com filial em São Paulo.

1. Observe os elementos da situação de produção, recepção e circulação do texto e responda:

a) Quem é o enunciador ou o responsável pelo anúncio?

b) Em que veículo o anúncio foi publicado?

c) A quem o anúncio se dirige?

d) Com que finalidade o anúncio foi publicado?

2. Observe que as formas verbais empregadas no texto não apresentam sujeito explícito. Considerando os elementos da situação e a pessoa do verbo, responda: Qual é o sujeito dessas formas verbais?

3. O enunciado central do anúncio é composto de um único período. Delimite as orações que o constituem.

4. No enunciado central, a palavra **que** foi empregada duas vezes.

a) Qual é o papel gramatical dessa palavra?

b) A palavra **que** se refere e retoma uma palavra expressa anteriormente. Qual é essa palavra em cada uma de suas ocorrências?

5. A construção sintática do período — com repetição da forma verbal **passou** e da palavra **que**, além da menção a várias gerações de uma mesma família — cria um efeito de sentido relacionado com a finalidade do anúncio. Explique essa relação.

6. As referências à tradição familiar vão criando uma expectativa no leitor, que é quebrada pela oração "e não é calvície".

a) Explique por que ela quebra a expectativa do leitor e comente o efeito de sentido gerado por ela no texto.

b) Pode-se dizer que esse efeito é utilizado como estratégia comunicativa ou persuasiva? Explique.

c) Que outras evidências há no texto que mostram uma tentativa de se aproximar do público por meio da linguagem?

Conceituando

Oração subordinada adjetiva

No anúncio publicitário, a oração "que passou pro pai" acompanha o substantivo **avô**, e a oração "que passou pro filho" acompanha o substantivo **pai**. Por acompanharem substantivos, as orações subordinadas cumprem um papel equivalente ao de adjetivos e, por isso, são chamadas **orações subordinadas adjetivas**.

> **Oração subordinada adjetiva** é aquela que tem valor de adjetivo, pois cumpre o papel de caracterizar um substantivo (nome ou pronome) antecedente.

As orações subordinadas adjetivas são introduzidas pelos pronomes relativos **que**, **onde**, **o qual (a qual**, **os quais**, **as quais)**, **cujo (cuja**, **cujos**, **cujas)**.

Como saber se uma oração é ou não adjetiva?

Lembre-se de que toda oração adjetiva, desde que não seja reduzida, é introduzida por um pronome relativo. Se a palavra que introduz a oração subordinada é **que**, e você não tem certeza se ela é um pronome relativo, tente substituí-la por **o(a) qual**, **os(as) quais**, junto ou não de preposição. O emprego desse artifício só não é possível com o conectivo **cujo** e suas variantes, que são, sem dúvida, sempre pronomes relativos.

Observe as orações adjetivas em destaque:

- "Passou do bisavô pro avô, **que passou pro pai, que passou pro filho**"
- Passou do bisavô pro avô, **o qual** passou pro pai, **o qual** passou pro filho.

Classificação das orações adjetivas

Repare na estrutura sintática desta frase:

Os alunos **que foram mal na primeira avaliação** terão aulas de reforço.

Os alunos	que foram mal na primeira avaliação	terão aulas de reforço.
OP	oração subordinada adjetiva	OP

De acordo com o enunciado, apenas os alunos que se saíram mal na primeira avaliação terão aulas de reforço. Os demais alunos certamente estão dispensados dessas aulas.

Observe, agora, a alteração de sentido que ocorre na frase quando a oração adjetiva é colocada entre vírgulas:

Os alunos, **que foram mal na primeira avaliação**, terão aulas de reforço.

Os alunos,	que foram mal na primeira avaliação,	terão aulas de reforço.
OP	oração subordinada adjetiva	OP

De acordo com o novo enunciado, todos os alunos terão aula de reforço, pois todos foram mal na primeira avaliação. A intenção do locutor ao mencionar a informação correspondente à oração adjetiva é só lembrar algo já sabido por todos.

Na primeira situação, a oração adjetiva restringe, particulariza o sentido da palavra alunos; por isso, é uma **oração subordinada adjetiva restritiva**. Na segunda situação, a oração acrescenta à palavra **alunos** uma informação que já é de conhecimento do interlocutor; por isso é uma **oração subordinada adjetiva explicativa**. A oração adjetiva explicativa generaliza, universaliza o sentido da palavra **alunos**: todos os alunos foram mal na primeira avaliação; por isso, todos devem assistir às aulas de reforço.

Assim, as orações subordinadas adjetivas classificam-se em **restritivas** e **explicativas**.

Restritivas

São as que delimitam, restringem ou particularizam o sentido de um nome (substantivo ou pronome) antecedente. Na escrita, ligam-se ao antecedente diretamente, sem vírgulas.

Explicativas

São as que acrescentam ao antecedente uma informação que já é de conhecimento do interlocutor; assim, generalizam ou universalizam o sentido do antecedente. Na escrita, aparecem entre vírgulas.

Para não confundir

Se fosse necessário classificar a oração "que um selo pode oferecer aos artistas", do *banner* ao lado, como você a classificaria?

Classificar construções como essa, em que a palavra **que** é precedida de **o**, pode causar dúvidas. Perceba que a palavra **o** é um pronome demonstrativo com sentido e valor gramatical equivalentes aos do demonstrativo **aquilo**. Dessa forma, o pronome **o** forma o objeto direto da forma verbal **saiba**, enquanto a oração adjetiva "que um selo pode oferecer aos artistas" modifica o pronome **o**, por isso é uma **oração adjetiva**. Veja:

Reprodução/Groover

(Disponível em: https://blog.groover.co/pt/dicas-para-musicos/selo-artista-musica/. Acesso em: 30/6/2023.)

pronome demonstrativo — Saiba **o** (aquilo) — OP

pronome relativo — **que** (o qual) um selo pode oferecer aos artistas. — oração subordinada adjetiva restritiva

Orações adjetivas reduzidas

Releia este trecho do anúncio que abriu este capítulo:

Folhapress/Lew'Lara/TBWA

Observe que, no texto, a forma verbal **fazendo**, no gerúndio, introduz uma oração que acompanha a expressão **95 anos**, cujo núcleo é o substantivo **anos**. Por acompanhar um substantivo, a oração é subordinada adjetiva. Por estar sem o pronome relativo e com o verbo no gerúndio, dizemos que ela é reduzida de gerúndio. Observe e compare como ela ficaria, se fosse desenvolvida:

Parabéns, Folha de S.Paulo, pelos 95 anos
fazendo parte de gerações e gerações de brasileiros.
or. subord. adjetiva restritiva reduzida de gerúndio

Parabéns, Folha de S.Paulo, pelos 95 anos
nos quais/em que fez parte de gerações e gerações de brasileiros.
or. subord. adjetiva restritiva desenvolvida

Concluindo: As orações subordinadas adjetivas podem apresentar-se desenvolvidas ou reduzidas. Quando reduzidas, têm o verbo no **infinitivo**, no **gerúndio** ou no **particípio**.

Veja outros exemplos:

- Ao longe, víamos pessoas **a entrar** e **a sair do edifício**.
- As pessoas, **observando o jardim florido**, esperavam que aquela maravilha nunca acabasse.
- Finalmente encontrei minha blusa, **manchada de um líquido escuro**.

Exercícios

Leia o anúncio a seguir para responder às questões 1 a 3.

Reprodução/O Globo

(Disponível em: https://gkpb.com.br/wp-content/uploads/2017/04/o-que-os-olhos-nao-veem-a-gente-investiga-o-globo.jpg. Acesso em: 11/7/2023.)

1. É possível considerar que esse anúncio veicula tanto um produto quanto uma ideia.

a) Explique essa afirmação, indicando quais são o produto e a ideia veiculados.

____

____

b) Quem é o anunciante e qual imagem ele busca construir de si?

____

____

2. Na parte verbal central, escrita em letras maiores, foi utilizada a expressão "a gente".

a) A quem se refere essa expressão, no contexto? Justifique sua resposta.

b) Com qual ditado popular essa parte central do texto dialoga? Explique o sentido desse ditado.

c) Compare esse ditado popular com a versão do texto em estudo e conclua: Que mudança de sentido foi causada por essa alteração?

3. Foram empregadas no anúncio três orações subordinadas adjetivas.

a) Identifique-as e dê a classificação delas.

b) Essas três orações retomam, no texto, referentes completamente diversos ou que mantêm entre si alguma relação de sentido? Justifique sua resposta.

c) Considerando suas respostas anteriores, explique a importância dessas orações para a construção de sentidos no contexto do anúncio.

4. No texto lateral em letras menores foram empregadas as conjunções **se** e **e**. Observe:

- "**Se** a fonte não tem credibilidade, a informação não tem garantia."
- "Conteúdo em que você confia. **E** compartilha."

a) Elas constroem entre as orações que conectam, respectivamente, os sentidos de:

☐ oposição e explicação.

☐ concessão e conclusão.

☐ condição e adição.

b) Troque ideias com os colegas e o professor e indique qual(is) dessas frases se refere(m) ao enunciador e qual(is) se refere(m) a terceiros. Em seguida, deduza: Quem são esses terceiros?

Leia esta tira, de Alexandre Beck, e responda às questões 5 a 8.

(*Armandinho oito*. Florianópolis: Belas Letras, 2016. p. 78.)

5. Cruzando a linguagem verbal e a linguagem não verbal da tira, é possível afirmar que a palavra **semear**, no contexto, é ambígua. Explique por quê.

6. Observe a fala do 1º balão da tira:

"Nem sempre a gente sabe o que vai colher..."

a) Qual é a predicação do verbo **saber**?

b) Qual é o seu complemento?

c) Como se classifica a oração "que vai colher"?

d) Qual é o antecedente do pronome relativo **que**?

7. Analise também o período composto do 2º quadrinho.

a) Qual é a predicação do verbo **cuidar**?

b) Qual é o seu complemento?

c) Como se classifica a oração "que vamos semear"?

8. O período do 2º quadrinho é introduzido pela conjunção coordenativa **mas**.

a) Que sentido ela apresenta?

b) Que relação ela estabelece com o período do 1º quadrinho?

Leia o anúncio a seguir para responder às questões 9 a 12.

Carlos H. T. Bonafé/Acervo do artista

(Disponível em: https://cargocollective.com/cabonafe/Ong-Crianca-Segura. Acesso em: 14/11/2019.)

9. Levante hipóteses:

a) Que tipo de instituição poderia ser responsável por esse anúncio?

____

b) Qual é a sua finalidade?

____

c) A quem o anúncio se destina?

____

10. Observe a imagem que compõe o anúncio e relacione-a com a linguagem verbal.

a) O que mostra a linguagem não verbal?

____

____

____

b) O que ela representa?

11. Observe o enunciado principal do anúncio:

> "Seus filhos correm risco de sofrer acidentes que você nem imagina."

a) Qual é o papel morfológico da palavra **que**?

b) Qual é o antecedente da palavra **que**: o substantivo **risco** ou o substantivo **acidentes**?

c) Como se classifica a oração introduzida pela palavra **que**?

d) Que outros pronomes relativos poderiam ser empregados na frase para tornar seu sentido mais preciso?

12. Na parte de baixo do anúncio, se lê:

> **No Brasil, mais de 5 milhões de crianças morrem todos os anos e mais de 100 mil são hospitalizadas por causa de acidentes que, em muitos casos, podem ser evitados.**

Carlos H. T. Bonafé/ Acervo do artista

a) Identifique e classifique a oração adjetiva que há no texto.

b) Qual é a função sintática do pronome relativo que introduz a oração adjetiva?

c) O pronome relativo, nesse período, desempenha a mesma função sintática da palavra **que** empregada no enunciado principal? Justifique sua resposta.

As orações subordinadas adjetivas NA CONSTRUÇÃO DO TEXTO

Leia a seguir um poema da escritora Alice Ruiz.

tem os que passam
e tudo se passa
com passos já passados

tem os que partem
da pedra ao vidro
deixam tudo partido

e tem, ainda bem,
os que deixam
a vaga impressão
de ter ficado

Biry Sarkis/Acervo da editora

(Disponível em: https://www.aliceruiz.mpbnet.com.br/bibliografia/vice.versos/tem_os_que_passam.htm. Acesso em: 25/6/2023.)

1. O poema é constituído de três estrofes.

a) Uma mesma forma verbal se repete em todas as estrofes. Identifique-a e indique qual é o sentido dela no contexto.

b) A forma verbal identificada por você no item **a** é acompanhada de orações subordinadas nas três estrofes. Quais são essas orações?

c) Qual é o termo antecedente dessas orações? Que função sintática os antecedentes desempenham em suas respectivas orações?

d) Classifique as orações subordinadas que você indicou no item **b**.

2. Na primeira estrofe há uma oração reduzida.

a) Identifique-a e classifique-a.

b) Escreva na forma desenvolvida a oração identificada no item **a**.

c) A qual termo da oração principal essa oração reduzida se refere?

3. Nas três estrofes o eu lírico fala de outras pessoas.

a) Que pronome é empregado para fazer referência a essas outras pessoas?

b) Levante hipóteses: Quem são, no contexto do poema, essas outras pessoas a quem o eu lírico se refere em cada uma das estrofes?

c) Qual é o sentido da expressão "ainda bem" na terceira estrofe?

d) Você se identifica com alguma das relações descritas pelo eu lírico no poema?

4. Observe a sonoridade do poema nas três estrofes.

a) Identifique os sons que sobressaem em cada uma delas.

b) Troque ideias com os colegas e o professor e levante hipóteses sobre as possíveis relações que há entre as sonoridades das estrofes e o conteúdo delas.

5. A oração adjetiva restritiva foi empregada algumas vezes no poema em estudo. Considerando o tema e a finalidade desse texto, assinale, entre os itens a seguir, aquele que melhor explica o papel da oração adjetiva na construção do poema.

☐ As orações adjetivas têm no texto lido a função principal de explicar técnica e cronologicamente os diferentes relacionamentos amorosos nos quais o eu lírico se envolveu ao longo da vida.

☐ O texto tem a finalidade de apresentar as decepções do eu lírico com as pessoas com quem ele conviveu ao longo da vida. Para descrever essas decepções, são empregadas orações adjetivas.

☐ As orações adjetivas restringem e particularizam, e, no texto lido, de forma poética, elas têm o papel de diferenciar as atitudes de alguns tipos de pessoa, bem como seus efeitos na vida do eu lírico.

SEMÂNTICA E DISCURSO

Leia o texto a seguir.

Reprodução/Facebook

(Disponível em: https://www.facebook.com/339231206167714/photos/pb.100069363907274.-2207520000./342180339206134/?type=3. Acesso em: 11/7/2023.)

1. Esse texto, que faz parte de uma campanha, circulou nas redes sociais. Deduza:

a) Qual é o objetivo desse texto e a quem ele se dirige?

____

b) Que argumentos são utilizados para convencer o interlocutor?

____

2. Compare as partes verbal e não verbal do texto.

a) O que há de particular na imagem da bicicleta retratada?

____

b) Troque ideias com os colegas e o professor e levante hipóteses: Qual termo ou expressão do texto verbal dialoga com a imagem?

____

____

____

3. O texto verbal central é composto de uma única frase.

a) Indique qual é a oração principal e qual é a oração subordinada, classificando esta última.

____

____

b) Qual é o antecedente da palavra **que**?

____

c) Que função desempenha a palavra **que** nessa oração subordinada?

____

4. As formas verbais podem apresentar diferentes sentidos, dependendo do tempo, do modo verbal e do contexto em que são utilizadas. No texto em estudo:

a) a forma verbal "vai mudar" indica uma:

☐ possibilidade futura. ☐ negação futura. ☐ certeza futura.

b) qual é o sentido da expressão "pode ser"?

☐ Permissão. ☐ Possibilidade. ☐ Capacidade.

PARA ESCREVER COM coesão

Emprego dos pronomes relativos

Leia esta tira:

(Disponível em: https://licensing.andrewsmcmeel.com/features/pe?date=1964-01-17. Acesso em: 30/6/2023.)

1. Charlie Brown descreve uma criatura assustadora:

a) O que a descrição causa em Snoopy e Linus?

____

____

b) A criatura existe ou existiu? Que trecho confirma sua resposta?

____

c) Qual é o efeito de humor provocado pelo pensamento do cachorro no último quadrinho?

____

____

2. Releia a seguinte fala de Charlie Brown.

> "Ele era um pássaro que tinha uns dois metros de altura e uma cabeça de tamanho igual à de um cavalo!"

a) Quantas orações compõem essa fala do personagem? Quais são elas?

____

____

b) Qual é o pronome relativo que une as orações? ______________________________

c) A que termo da oração o pronome relativo se refere? ______________________________

3. Analise o seguinte trecho da fala de Charlie Brown:

> "Ele tinha um bico enorme e afiado e pernas poderosas com as quais podia atropelar pequenos animais."

a) Como o bico do pássaro é caracterizado?

b) Como as pernas do pássaro são caracterizadas?

c) Com base nas respostas aos itens anteriores, conclua: Qual é a função da oração "com as quais podia atropelar pequenos animais"?

4. Releia o trecho da fala de Charlie Brown que aparece na questão 3.

a) Classifique sintaticamente as duas orações do período.

b) Qual é o conectivo que une as orações?

c) Reescreva a segunda oração, substituindo o pronome relativo pelo termo a que ele se refere.

Ao responder às questões, você observou que, dependendo da predicação do verbo da oração adjetiva, o pronome relativo pode vir ou não acompanhado de preposição. No trecho "pernas poderosas **com** as quais podia atropelar pequenos animais", por exemplo, a preposição **com** é regida pela locução verbal **podia atropelar**.

Veja outros exemplos:

- Eu conheço o pássaro que assustou o cachorro.
- Eu conheço o pássaro de quem o cachorro fugiu.

Exercícios

1. Leia o texto a seguir.

Eu e a minha cachorra costumamos sair para o nosso passeio noturno a luz da cumplicidade. Eu sei __________________ canteiros ela mais gosta, ______________ plantas prefere cheirar, __________________ portão do prédio prefere voltar. Ela também me conhece. Sabe que possivelmente esquecerei o controle remoto, que teremos que voltar para pegar [...] e, em algum momento, darei uma olhada no celular.

Ontem foi uma dessas noites __________________ saímos juntas. Quente demais para o mês de junho, eu usando uma blusa fina quando deveria estar de casaco. O que me fez pensar na crise climática. Segundo a ONU, os próximos cinco anos serão os mais quentes já registrados, com 98% de chance __________________ as temperaturas globais atinjam níveis recordes [...]. O que irá afetar a todos, inclusive a minha cachorra e seus descendentes.

De repente, tive a sensação de estar escondendo algo importante dela. [...]

[...] Puxo suavemente a sua coleira. É hora de ir.

Caminhamos em direção ao portão __________________ ela prefere passar. Apalpo os meus diversos bolsos em busca do controle remoto. [...]

Finalmente encontro o controle e entramos pelo portão, costuradas pelos nossos passos e pela certeza __________________, conscientes ou não das mudanças ambientais, seguiremos juntas, seguiremos todos juntos, dividindo o mesmo presente, o mesmo futuro e o mesmo espaço — este planeta chamado Terra, __________________ ainda não descobriram um substituto.

(Giovana Madalosso. Minha cachorra não sabe o que fizemos com o planeta. *Folha de S.Paulo*, 12/7/2023. Disponível em: https://www1.folha.uol.com.br/colunas/giovana-maladosso/2023/06/minha-cachorra-nao-sabe-o-que-fizemos-com-o-planeta.shtml. Acesso em: 12/7/2023.)

a) Complete o texto, combinando as preposições a seguir com os pronomes relativos **que** ou **o(s) qual(is)/a(s) qual(is)**, conforme necessário.

em	de	a	por	para	com	através	sem

b) Troque ideias com os colegas e o professor e levante hipóteses: Por que a narradora tem a sensação de "estar escondendo algo importante" de sua cachorra?

2. Transforme as orações de cada item a seguir em um período composto. Para isso, empregue os pronomes relativos **que** ou **quem**, precedidos ou não de preposição. Veja o exemplo:

- Não consigo lembrar o nome de um primo seu. / Conversei com seu primo
- Não consigo lembrar o nome de um primo seu **com quem** conversei.

a) A cidade é muito arborizada. / Nós moramos nessa cidade.

b) Essa é a minha vizinha. / Eu me apaixonei por ela na adolescência.

c) O filme foi lançado ontem. / Falei sobre o filme com a turma.

d) Uma pessoa desconhecida, muito solícita, me ajudou bastante. / Agradeci a ela.

3. Transforme as orações de cada item a seguir em um período composto, por meio do emprego do pronome relativo **onde**, precedido ou não de preposição. Veja o exemplo:

- A casa foi desapropriada. / Eu morava na casa.
- A casa **onde** eu morava foi desapropriada.

a) Vivemos numa cidade. / Na cidade chove muito.

b) A caixa ficou aberta. / Ele tirou o dinheiro da caixa.

____

____

c) A cidade fica a 500 quilômetros. / Vamos à cidade.

____

____

MikeDotta/Shutterstock

4. Transforme as orações de cada item a seguir em um período composto, por meio do pronome relativo conveniente, precedido ou não de preposição. Veja os exemplos:

- Ganhei um prêmio pela pesquisa realizada. / O prêmio me deixou feliz.
- Ganhei um prêmio pela pesquisa realizada **o qual** me deixou feliz.

- Ganhei um prêmio pela pesquisa realizada. / Fiquei muito agradecida pelo prêmio.
- Ganhei um prêmio pela pesquisa realizada **pelo qual** fiquei muito agradecida.

- Ganhei um prêmio pela pesquisa realizada. / Tornei-me conhecida com o prêmio.
- Ganhei um prêmio pela pesquisa realizada **com o qual** me tornei conhecida.

a) Demoliram o prédio. / O prédio pertencia a uma família muito rica.

____

____

____

b) Demoliram o prédio. / Famílias sem-teto moravam no prédio.

____

____

____

c) Demoliram o prédio. / Os donos do prédio são desconhecidos.

____

____

____

Leia a tira abaixo, com os personagens Hagar e Eddie Sortudo, e responda às questões 5 e 6.

(Dik Browne. *O livro de ouro do Hagar, o Horrível*. Rio de Janeiro: Ediouro, 2016. p. 76.)

5. Observe as falas de Hagar no 1º e no 3º quadrinho.

a) A quem, no 1º quadrinho, provavelmente se refere a expressão "a gente"?

b) O que, no 3º quadrinho, se contrapõe à afirmação machista de Hagar e, ao mesmo tempo, gera humor na tira?

6. Suponha que, no 1º quadrinho, Hagar tivesse dito:

A gente tem certeza absoluta **de** duas coisas.

a) Nessa frase, que palavra rege a preposição **de**?

b) Observe que, em "Há duas coisas que a gente tem certeza absoluta", na fala de Hagar, foi suprimida a preposição **de**. Caso tivesse havido emprego da preposição, em que posição ela seria inserida?

c) Levante hipóteses: Por que, na fala de Hagar, foi omitida a preposição **de**?

Leia este texto de campanha e responda às questões 7 a 10.

(Disponível em: http://www.sintcopepetrolina.org.br/noticia/em-pe-ministerio-publico-eleitoral-usara-cordel-para-campanha-de-conscientizacao/1241. Acesso em: 11/7/2023.)

7. O texto promove uma campanha relacionada às eleições.

a) Quem é o locutor ou enunciador do anúncio?

____

b) Qual é o público-alvo desse texto?

____

c) O texto foi escrito em um formato bem específico. Identifique esse formato e explique a relação dessa escolha com o contexto de circulação.

d) Que efeito de sentido o uso desse formato constrói no anúncio?

8. O texto é formado por duas estrofes.

a) Quantos versos cada uma delas apresenta?

b) Há rimas no texto? Se sim, que versos rimam entre si?

9. Observe este trecho do texto:

> "Tem gente inventando mentira.
> E zapzap espalhando boato."

a) Identifique e desenvolva as orações subordinadas adjetivas presentes nesse trecho.

b) Como se classificam as orações subordinadas desenvolvidas por você no item **a**?

c) Se fosse empregada uma vírgula antes da palavra **que** nas orações criadas por você, que mudança de sentido ocorreria? Esse novo sentido estaria de acordo com o contexto? Justifique sua resposta.

d) Que termos e expressões foram utilizados para deixar a linguagem mais próxima da fala cotidiana? Explique os sentidos deles no contexto.

10. Agora, releia o trecho a seguir:

> "Mesmo que a notícia venha
> De alguém que você confia
> Pode ser uma montagem
> Aquela fotografia"

a) Identifique o termo que está sendo completado pelo pronome relativo nesse trecho e dê a função sintática do pronome relativo nesse contexto.

____

____

b) Considerando sua resposta ao item **a**, conclua: O trecho foi escrito de acordo com a norma-padrão? Justifique sua resposta.

____

c) Troque ideias com os colegas e o professor e levante hipóteses: Por que foi feita essa escolha no texto em estudo?

____

____

____

11. Observe a parte não verbal do texto.

a) Considerando o traço utilizado e o tipo de desenho, explique a relação dela com a parte verbal.

____

____

b) Explique a relação do conteúdo da imagem com o conteúdo da parte verbal.

____

____

12. Complete as frases a seguir com pronomes relativos, de acordo com o contexto. Use preposição, se necessário.

a) O jornal ______________ o texto foi veiculado não era confiável.

b) Foi questionada a mensagem ______________ fontes não se confiava.

c) É importante o cuidado e a atenção ______________ o Ministério Público aborda o assunto.

d) Aquele era um conteúdo ______________ origem todos duvidaram.

13. Complete as frases a seguir com o pronome relativo **cujo**, precedido de preposição quando necessário.

a) Era grande o lago ______________ margens eu costumava brincar.

b) Existem pessoas ______________ palavras não podemos duvidar.

c) A prefeitura abrigou as pessoas ______________ casas foram destruídas pela enchente.

d) Foram traídos por pessoas ______________ lealdade confiavam.

DE OLHO NA escrita

Palavras parônimas e homônimas

Palavras parônimas

Leia os textos a seguir, completando-os com o termo adequado ao contexto.

Na palma da mão: por que suamos nas extremidades quando estamos tensos?

Mesmo sem mudar a temperatura do ambiente, nossas emoções podem provocar o aumento da transpiração. Se você já sentiu as mãos ______________ ao falar em público, sabe do que estamos falando.

fizkes/Shutterstock

Nosso corpo identifica sensações de tensão como resultado de uma situação de perigo ou medo. Em situações de estresse — como falar em público — nosso organismo inteiro se modifica. O sistema nervoso simpático é ativado e acelera o ritmo da respiração, batimentos cardíacos, circulação do sangue e dilatação das pupilas. Com mais energia e oxigênio, os músculos ficam prontos para reagir, usando o máximo de sua capacidade.

Todos estes sintomas são respostas do cérebro para preparar o corpo em uma situação de alerta, como fuga ou luta. Quando este sistema é ativado, um dos primeiros efeitos é começarmos a ______________.

[...]

(Disponível em: https://www.uol.com.br/vivabem/noticias/redacao/2023/04/23/na-palma-da-mao-por-que-suamos-nas-extremidades-quando-estamos-tensos.htm?cmpid=copiaecola. Acesso em: 5/7/2023.)

Kali Justine /Shutterstock

[...] Da casa onde morava, no número 161 da avenida Doutor José Higino, no bairro da Mooca, ele conseguia observar a torre da igreja São Pedro Apóstolo. Com 5 anos, a diversão já fazia parte de sua rotina. "Um pouco antes de o sino ______________, eu já estava à porta, olhando fixamente para a torre e aguardando o início do espetáculo", lembra. "Às vezes minha mãe me levava até a torre, onde eu observava o movimento dos sinos por um ângulo diferente e ouvia o som mais intenso."

(Disponível em: http://spcuriosos.com.br/especialista-lanca-site-sobre-sinos-e-espera-que-ele-seja-muitobadalado/. Acesso em: 22/11/2019.)

1. Embora tenham grafias aproximadas, as palavras **soar** e **suar** apresentam sentidos diferentes. De acordo com o contexto:

a) Que palavras preenchem corretamente as lacunas do primeiro texto: **soadas** ou **suadas** e **soar** ou **suar**? Qual é o sentido dessas palavras?

____

b) Que palavra preenche corretamente a lacuna do segundo texto: **soar** ou **suar**? Qual é o sentido dessa palavra?

____

Assim como o par de palavras **soar** e **suar**, há na língua portuguesa inúmeras palavras que se assemelham na grafia e na pronúncia, mas têm significados diferentes. Essas palavras são chamadas **parônimos**.

Veja outros exemplos:

- O **tráfico** de drogas é um grave problema do mundo atual. (negócio ilegal, escuso)
- Nos fins de semana, o **tráfego** nas rodovias se intensifica. (trânsito)

- O médico me **prescreveu** uma rigorosa dieta. (determinar, fixar, receitar)
- O ditador destituiu, **proscreveu** e perseguiu dois ministros de seu governo. (banir, expulsar)

Há, a seguir, uma relação de alguns parônimos para ser consultada quando necessário.

absolver	perdoar, inocentar
absorver	aspirar, sorver
colisão	choque, luta
coalizão	aliança, acordo político
descriminar	tirar a culpa
discriminar	diferenciar

emigrar	deixar um país
imigrar	entrar em um país
eminente	elevado, alto
iminente	que está prestes a acontecer
flagrante	evidente
fragrante	perfumado

despensa	compartimento da casa no qual se guardam mantimentos
dispensa	isenção, licença
discrição	qualidade de quem é discreto
descrição	ato de descrever
distorcer	desvirtuar, mudar o sentido ou a intenção
destorcer	endireitar, desfazer a torcedura
docente	relativo a professores
discente	relativo a alunos
emergir	vir à tona
imergir	mergulhar

fruir	desfrutar, gozar
fluir	correr (líquido), passar (tempo), escoar (tráfego)
infringir	transgredir, desrespeitar
infligir	aplicar (pena, multa, etc.)
mandado	ordem judicial
mandato	procuração, delegação
retificar	corrigir
ratificar	confirmar
usuário	o que desfruta o direito de usar algo
usurário	o que pratica a agiotagem ou usura

Palavras homônimas

Há também, na língua portuguesa, palavras que apresentam a mesma pronúncia, às vezes a mesma grafia, mas significados diferentes. Essas palavras são chamadas **homônimas**. Veja exemplos:

- Pedro é um rapaz **são**. (saudável)
- Em junho, há muitas festas em homenagem a Santo Antônio, **São** João e **São** Pedro. (santo)
- Elas **são** inteligentes e divertidas. (verbo **ser**)

- Paulo é um amante da **caça** e da pesca. (ato de caçar, perseguir)
- O Detran **cassa** a carteira de motorista de quem comete muitas infrações de trânsito. (anula)

Há, a seguir, uma relação de alguns homônimos para ser consultada quando for necessário.

acender	pôr fogo
ascender	subir
acento	sinal gráfico
assento	local onde se senta
caçar	perseguir animais
cassar	tornar sem efeito
cela	pequeno quarto
sela	arreio, forma do verbo **selar**
cerrar	fechar
serrar	cortar
censo	recenseamento
senso	juízo
coser	costurar
cozer	cozinhar
empoçar	formar poça

empossar	dar posse a
espectador	aquele que assiste a algo
expectador	aquele que espera alguma coisa
espiar	observar
expiar	pagar pena
incipiente	principiante
insipiente	ignorante
laço	laçada
lasso	cansado, frouxo
paço	palácio
passo	movimento dos pés para caminhar, passada
sessão	reunião, assembleia
seção (ou secção)	corte, divisão
cessão	ato de ceder; doação

Exercícios

Leia o texto a seguir e responda à questão 1.

Reprodução/Arquivo da editora

(Disponível em: http://apeadeirodasaudeagueda.blogspot.com/2017/11/ser-diferente-nao-e-um-problema.html. Acesso em: 25/7/2023.)

1. O cartaz apresenta várias imagens.

a) O que elas representam?

____

____

b) Qual é o objetivo principal do cartaz?

____

2. Observe a frase:

"Ser diferente não é um problema, o problema é ser tratado diferente."

a) Que alteração de sentido existe entre as expressões "ser diferente" e "ser tratado diferente"?

____

____

b) Levante hipóteses: Por que a letra **e** das palavras **diferente** e **problema** foi escrita em cor diferente?

____

____

3. Observe o emprego da palavra **discriminação** no anúncio. Ela está de acordo com a norma-padrão ou deveria ser **descriminação**? Justifique a sua resposta, explicando o sentido de cada uma. Se necessário, consulte o dicionário.

____

____

____

____

4. Complete as frases a seguir, empregando, de acordo com o contexto, uma das palavras entre parênteses.

a) A professora ______________ o que disse ontem: a prova será sem consulta. (retificar/ratificar)

b) Na entrega dos prêmios, porte-se com ______________ e educação. (descrição/discrição)

c) Motoristas e pedestres não devem ______________ as leis de trânsito. (infligir/infringir)

d) Tire as compras das sacolas e guarde-as na ______________. (dispensa/despensa)

e) O ladrão foi preso em ______________. (flagrante/fragrante)

Leia esta tira, de Laerte, e responda às questões 5 e 6:

(Disponível em: https://laerte.art.br/tag/cauda/. Acesso em: 11/7/2023.)

5. O humor da tira é criado pelo emprego de duas palavras associadas ao contexto e à parte não verbal.

a) Onde se passa o episódio da tirinha? O que há de inusitado nesse contexto?

____

____

b) Qual é/são a(s) palavra(s) responsável(is) pela construção do humor? Que relação essas palavras têm entre si? Como é denominada essa relação?

____

____

c) Qual era a intenção da personagem no primeiro quadrinho?

______

______

d) Explique a função da parte não verbal na construção do humor da tira.

______

______

6. As palavras que você identificou na questão 5 podem ter outros sentidos além dos que foram explorados na tira. Leia as manchetes de jornal a seguir.

Avião está amassado na ______? Entenda por que a fuselagem é assim

(*UOL*, 7/11/2020.)

Cereja em ______ é chuchu? Entenda a polêmica e veja receita

(*Globo Rural*, 1º/7/2023.)

7 vestidos com ______ deslumbrantes que passaram pelo Critics Choice Awards

(*Glamour*, 16/1/2023.)

Usina São José da Estiva implementa automatização no preparo de ______ de agrodefensivos

(*RPAnews*, 22/6/2023.)

a) Complete cada uma das manchetes com as palavras adequadas.

b) Dê o sentido das palavras que você utilizou para completar as manchetes.

______

______

______

7. Leia a tira do personagem Armandinho:

(Disponível em: https://www.facebook.com/tirasarmandinho/photos/a.488361671209144/1085604124818226/?type=3&theater. Acesso em: 22/11/2019.)

a) Complete as lacunas da tira com as seguintes palavras: **sextas**, **sestas** e **cestas**. Se necessário, utilize o dicionário.

b) Qual é o sentido de cada uma das palavras utilizadas?

____

____

8. Leia os textos a seguir e complete adequadamente as lacunas com as palavras **seção**, **sessão** e **cessão**.

(Disponível em: https://www.archdaily.com.br/br/800542/maputo-cinema-festival-2a-sessao-experimental/583ede4ee58ecefe370002e6-maputo-cinema-festival-2a-sessao-experimental-imagem. Acesso em: 11/7/2023.)

(Disponível em: https://www.uff.br/sites/default/files/servicos/documentos/manual_do_servidor_cedido_0.pdf. Acesso em: 11/7/2023.)

(Disponível em: https://www.facebook.com/hipergosupermercado/photos/a.344878969788519/714180086191737/?type=3. Acesso em: 11/7/2023.)

9. O nome dos animais a seguir assumiu, com o tempo, um segundo significado, tornando-se homônimos. Descubra essa outra significação na 2ª coluna e numere a 1ª, fazendo as correlações adequadas. Consulte o dicionário, se necessário.

☐	foca	☐	piranha
☐	macaco	☐	zebra
☐	cobra	☐	anta

1. resultado inesperado, contrário aos prognósticos; azarão
2. prendedor de cabelos denteado, de plástico e molas fortes
3. maquinismo, provido de manivela, para levantar grandes pesos
4. jornalista novato
5. pessoa má, traiçoeira
6. pessoa perita em seu ofício ou em sua arte
7. pessoa pouco inteligente; tolo, tapado

DIVIRTA-SE

Nadadores Olímpicos - II

Problema de Lógica

Neste problema você deve descobrir as características dos 4 nadadores que estão lado a lado aguardando o início de uma competição importante. Eles nasceram em países diferentes e cada um deles prefere um estilo de natação em particular.

Touca: amarela, azul, branca, verde

País: Argentina, Brasil, EUA, França

Especialidade: borboleta, costas, crawl, peito

Medalhas: 2, 3, 5, 8

Peso: 70 kg, 75 kg, 80 kg, 84 kg

Idade: 20, 22, 23, 24

Use as dicas e descubra quais são as características de cada um deles.

	Raia 1	Raia 2	Raia 3	Raia 4
Touca				
País				
Especialidade				
Medalhas				
Peso				
Idade				

- Quem tem 22 anos está em uma das pontas.
- O nadador de 23 anos está na segunda raia.
- O competidor mais velho está ao lado do competidor de 75 kg.
- O competidor com mais medalhas tem apenas 22 anos.
- Na segunda raia está o nadador mais pesado.
- O homem de 70 kg está ao lado do homem de touca amarela.
- Na terceira raia está o nadador que já ganhou 5 medalhas.
- Na primeira posição está o nadador com menos medalhas.
- O especialista em nado Crawl está na última raia.
- O nadador de 24 anos tem como especialidade o nado de Costas.
- O nadador que prefere nado Peito está ao lado do nadador estadunidense.
- Na terceira raia está o nadador que fala inglês.
- O nadador que nasceu em Versalhes está ao lado do nadador que nasceu em Bariloche.
- O nadador argentino está na segunda raia.
- A pessoa usando a touca branca está na terceira raia.
- Na segunda posição está o nadador de touca azul.

(Disponível em: https://rachacuca.com.br/logica/problemas/nadadores-olimpicos-ii/. Acesso em: 13/7/2023.)

CAPÍTULO 6
Orações subordinadas adverbiais

Construindo o conceito

Leia a tira a seguir.

© Caco Galhardo/Acervo do cartunista

(Disponível em: https://www1.folha.uol.com.br/ilustrada/cartum/cartunsdiarios/#5/11/2019. Acesso em: 25/7/2023.)

1. Relacione as partes verbal e não verbal do texto.

a) Levante hipóteses: Em qual situação social os personagens estão inseridos?

b) O que os personagens estão fazendo e que sentimentos suas expressões faciais sugerem?

c) Há uma crítica social na tira lida. Explique-a.

2. Você já sabe que cada verbo ou locução verbal corresponde a uma oração.

a) Identifique as formas verbais contidas na fala do personagem da tira.

b) Quantas orações há nessa fala?

3. Na fala do personagem da tira, as orações se relacionam entre si de diferentes formas.

a) Você já estudou as orações coordenadas. Identifique e classifique as orações coordenadas presentes na fala do personagem.

b) Além das orações coordenadas, há nessa fala orações iniciadas pelas conjunções **se** e **enquanto**. Considerando o papel de elemento de coesão desempenhado pelas conjunções, assinale a alternativa na qual são indicados os sentidos que, respectivamente, essas conjunções exprimem no período.

- [ ] finalidade e tempo
- [ ] comparação e condição
- [ ] condição e tempo
- [ ] tempo e finalidade

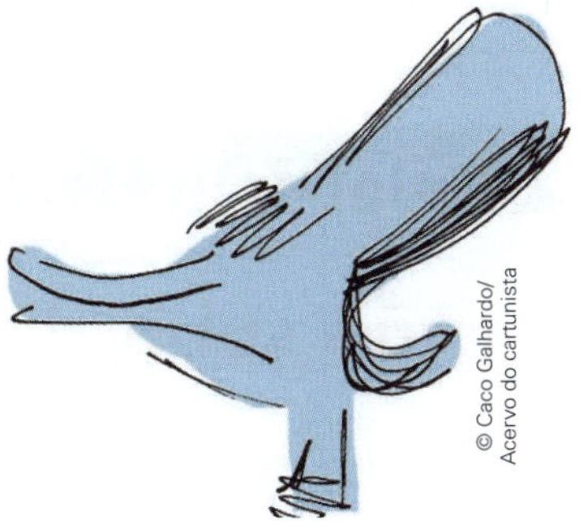

© Caco Galhardo/ Acervo do cartunista

c) A oração "Se você não se incomodar", mais do que revelar um real sentimento do enunciador, é utilizada como uma convenção social e tem valor semelhante ao das expressões:

- [ ] Por obséquio/Por favor
- [ ] Com a sua permissão/Com licença
- [ ] Obrigado pela atenção/Grato pela boa vontade

4. Tal como foram relacionadas entre si, as orações cumprem um papel fundamental para a construção dos sentidos na tira em estudo. Leia a frase a seguir.

> Se você não se incomodar, vou checar meus *e-mails* enquanto tratamos do nosso assunto.

a) Se a frase dita pelo personagem fosse essa, seria possível considerar que a tira faria a mesma crítica que faz na versão original? Justifique sua resposta.

b) Troque ideias com os colegas e o professor e conclua: Por que, na tira em estudo, as orações coordenadas em sequência têm papel fundamental para a construção do efeito de humor?

Conceituando

Oração subordinada adverbial

Na fala do personagem da tira que você estudou na seção anterior, temos um período composto por coordenação e por subordinação. Observe:

Se você não se incomodar,	vou checar meus *e-mails*, comentar um negócio no Facebook, mandar um SMS, postar uma foto, atualizar meu *blog*	e dar uma tuitada	enquanto tratamos do nosso assunto.
oração subordinada	orações coordenadas assindéticas	oração coordenada sindética aditiva	oração subordinada

Agora observe a frase analisada na questão 4:

© Caco Galhardo/ Acervo do cartunista

Se você não se incomodar, vou checar meus *e-mails* enquanto tratamos do nosso assunto.

Se você não se incomodar,	vou checar meus *e-mails*	enquanto tratamos do nosso assunto.
oração subordinada	oração principal	oração subordinada

Nessa frase, as orações subordinadas poderiam ser substituídas por adjuntos adverbiais, o que transformaria o enunciado em um período simples. Veja:

Com a sua permissão,	(eu)	vou checar	meus *e-mails*	simultaneamente a nossa conversa.
adjunto adverbial (condição)	sujeito desinencial	locução verbal verbo aux. + VTD	objeto direto	adjunto adverbial (tempo)

Veja, agora, a correspondência entre os dois períodos e compare a classificação dos termos que completam os verbos no período simples com a classificação das orações subordinadas no período composto:

locução adverbial		locução adverbial
Com a sua permissão,	vou checar meus *e-mails*	simultaneamente a nossa conversa.
adj. adv. de condição		adj. adv. de tempo

Se você não se incomodar,	vou checar meus *e-mails*	enquanto tratamos do nosso assunto.
oração subordinada adverbial condicional	oração principal	oração subordinada adverbial temporal

Observe que:

- As orações "Se você não se incomodar" e "enquanto tratamos do nosso assunto", do período composto, são dependentes sintaticamente da oração principal porque equivalem a adjuntos adverbiais da forma verbal **vou checar**; por isso, são **orações subordinadas**.
- As orações "Se você não se incomodar" e "enquanto tratamos do nosso assunto" correspondem, respectivamente, aos adjuntos adverbiais "com a sua permissão", de condição, e "simultaneamente a nossa conversa", de tempo, do período simples; por isso, são denominadas, respectivamente, **oração subordinada adverbial condicional** e **oração subordinada adverbial temporal**.

Assim, concluímos:

Oração subordinada adverbial é aquela que tem valor de **advérbio** (ou de locução adverbial) e exerce, em relação ao verbo da oração principal, a função de adjunto adverbial.

Exercícios

Leia o anúncio a seguir e responda às questões 1 a 3.

Rede Gazeta/Agência Aquatro Comunicação e Marketing

(Disponível em: http://www.portaldapropaganda.com.br/noticias/4406/rede-gazeta-faz-campanha-para-valorizacao-da-mulher/. Acesso em: 30/6/2023.)

1. O enunciado central do anúncio estabelece uma relação de intertextualidade com determinada frase.

a) Identifique essa frase e a situação social em que ela é geralmente utilizada.

____

____

____

b) Por quem essa outra frase costuma ser dita e a quem ela se dirige nesse contexto?

c) Que elemento não verbal do texto faz referência direta a essa relação intertextual?

2. Compare a frase do anúncio à frase identificada por você no item **a** da questão anterior.

a) Qual é a diferença entre essas frases quanto à estrutura?

b) No contexto do anúncio, quem é o enunciador e a quem ele se dirige?

c) Qual é a finalidade do anúncio? Justifique sua resposta com elementos do texto.

3. Releia esta frase da parte inferior do anúncio:

"O preconceito começa quando você se incomoda com a mulher em primeiro lugar."

a) Troque ideias com os colegas e o professor e, considerando o anúncio como um todo, explique a ambiguidade contida nessa frase.

b) Trata-se de um período simples ou composto? Justifique sua resposta.

c) Identifique a conjunção presente nessa frase.

d) Qual sentido, entre os indicados a seguir, a conjunção que você identificou exprime nessa frase?

☐ finalidade ☐ condição ☐ tempo ☐ comparação

4. Transforme em orações subordinadas adverbiais os adjuntos adverbiais destacados nos enunciados a seguir. Para isso, empregue a conjunção entre parênteses, como no exemplo:

- **Por sorte**, chegamos uma hora antes do combinado. (porque)
- Porque tivemos sorte, chegamos uma hora antes do combinado.

a) **Apesar dos problemas**, ela espera conseguir o cargo. (ainda que)

____

b) **Na reunião de amanhã**, esse assunto será retomado. (quando)

____

c) **Sem o meu consentimento**, eles não irão muito longe. (se)

____

d) Os manifestantes lutam **pelo voto secreto**. (a fim de)

____

Classificação das orações adverbiais

De acordo com os valores semânticos que expressam, as orações subordinadas adverbiais classificam-se em temporais, condicionais, concessivas, proporcionais, causais, consecutivas, comparativas, conformativas e finais.

Temporais

Indicam o momento, a época, o **tempo** de ocorrência do fato expresso na oração principal:

Quando a noite chega, os pássaros buscam seus ninhos.

São introduzidas pelas conjunções subordinativas temporais: **quando**, **enquanto**, **logo que**, **assim que**, **mal**, etc.

Condicionais

Expressam uma **hipótese** ou **condição** para que ocorra o fato expresso na oração principal:

Contanto que ele participe, pode entrar no nosso grupo.

São introduzidas pelas conjunções subordinativas condicionais: **se**, **caso**, **contanto que**, **desde que**, **salvo se**, **a menos que**, **sem que**, etc.

› No texto de campanha acima, a oração "se você mudar" é adverbial condicional, pois indica uma condição necessária para que o trânsito mude.

Concessivas

Expressam uma **concessão**, um fato contrário ao expresso na oração principal, porém insuficiente para anulá-lo:

Embora o tempo esteja feio, vou para a praia no final de semana.

São introduzidas pelas conjunções subordinativas concessivas: **embora**, **conquanto**, **ainda que**, **mesmo que**, **se bem que**, **por mais que**, etc.

Proporcionais

Indicam uma **proporção** em relação ao fato expresso na oração principal:

Quanto mais eu lia, mais gostava de ler.

São introduzidas pelas conjunções subordinativas proporcionais: **à proporção que**, **à medida que**, **ao passo que**, **quanto mais... (mais)**, etc.

Exercícios

Leia os quadrinhos e o boxe "Como eu realmente..." e responda às questões 1 e 2.

© Fernanda Nia/Acervo da cartunista

(Disponível em: http://www.comoeurealmente.com/2019/06/prova-de-amor.html. Acesso em: 6/7/2023.)

Como eu realmente...

No *site* "Como eu realmente...", a publicitária Fernanda Nia publica tirinhas da personagem Niazinha, uma versão em desenho de si própria. Nos quadrinhos "Prova de Amor", acima, além de Niazinha, está Kevin Crush, o rapaz de quem a personagem gosta.

O subtítulo do *site* é "Passeios pelo lado meio esquisito da nossa imaginação", indicando que a base da construção do humor nos quadrinhos de Fernanda Nia é a exploração de situações cotidianas levadas ao extremo, no clássico padrão "expectativa × realidade" tão difundido atualmente pelas redes sociais.

1. No texto lido, é feita uma contraposição entre o quadro da esquerda e o quadro da direita.

a) Segundo o texto, o que cada quadro ilustra?

b) Qual característica de Niazinha se pode inferir com essa contraposição?

2. Os quadrinhos mostram, por meio do diálogo entre um casal, o ponto de vista da autora sobre o que seria uma "prova de amor". Observe a estrutura das perguntas e das respostas.

a) Identifique as orações subordinadas adverbiais condicionais empregadas em cada uma das perguntas feitas, bem como a conjunção que introduz todas essas orações.

b) Levante hipóteses: Que sentimentos do interlocutor podem ser inferidos pelas respostas dele a essas perguntas?

3. A seguir estão quatro manchetes extraídas de portais de notícias da internet.

https://

Moradores desocupam casas depois que rachaduras apareceram em paredes e asfalto, em Curvelo

(Disponível em: https://g1.globo.com/mg/grande-minas/noticia/2019/09/26/moradores-desocupam-casas-depois-que-rachaduras-apareceram-em-paredes-e-asfalto-em-curvelo.ghtml. Acesso em: 25/7/2023.)

https://

O que aconteceria no mundo se o GPS parasse de funcionar

(Disponível em: https://g1.globo.com/economia/tecnologia/noticia/2019/11/14/o-que-aconteceria-no-mundo-se-o-gps-parasse-de-funcionar.ghtml. Acesso em: 25/7/2023.)

https://

"A produtividade das lavouras é maior quanto mais floresta tem"

(Disponível em: https://www.nexojornal.com.br/profissoes/2019/06/27/%E2%80%98A-produtividade-das-lavouras-%C3%A9-maior-quanto-mais-floresta-tem%E2%80%99. Acesso em: 25/7/2023.)

https://

"Ainda que o advogado sente ao lado do réu, jamais deve ser confundido com ele"

(Disponível em: https://politica.estadao.com.br/blogs/fausto-macedo/ainda-que-o-advogado-sente-ao-lado-do-reu-jamais-deve-ser-confundido-com-ele/. Acesso em: 25/7/2023.)

Identifique, em cada uma delas:

a) A oração principal e a oração subordinada adverbial.

b) A conjunção ou locução conjuntiva e o seu valor semântico.

c) A classificação das orações subordinadas adverbiais.

4. Leia o texto a seguir:

Reprodução/www.fraseteca.com.br

(Disponível em: https://fraseteca.com.br/frase/6251. Acesso em: 12/7/2023.)

a) Identifique a oração subordinada adverbial presente nesse texto e classifique-a.

____

b) Troque ideias com os colegas e o professor: Que efeito de sentido é construído no texto pela expressão introdutória "Lei da vida"?

____

____

c) Com qual fato da vida social o meme lido faz piada? Você concorda com o que ele diz?

____

____

Causais

Indicam a **causa** do efeito expresso na oração principal:

> Estou vestida assim **porque vou a uma festa**.

São introduzidas pelas conjunções subordinativas causais: **porque**, **visto que**, **que**, **posto que**, **uma vez que**, **como** (sempre anteposto à oração principal), etc.

Consecutivas

Expressam uma **consequência**, um efeito do fato mencionado na oração principal:

> Falou tanto **que ficou sem voz**.

São introduzidas pelas conjunções subordinativas consecutivas: **que** (precedido de **tal**, **tão**, **tanto**, **tamanho**), **de sorte que**, **de modo que**, etc.

Comparativas

Estabelecem uma **comparação** em relação a um elemento da oração principal:

A criança comia tanto **quanto um adulto**.

São introduzidas pelas conjunções subordinativas comparativas: **como**, **que**, **do que**, **assim como**, **(tanto) quanto**, etc.

Conformativas

Estabelecem uma ideia de concordância, de **conformidade** entre um fato mencionado e outro expresso na oração principal:

A prova acabou mesmo sendo adiada, **conforme previamos**.

São introduzidas pelas conjunções subordinativas conformativas: **como**, **conforme**, **segundo**, **consoante**, etc.

Finais

Apresentam uma **finalidade** para o fato expresso na oração principal:

Vamos nos esforçar **para que todos participem dos jogos**.

São introduzidas pelas conjunções subordinativas finais: **para que**, **a fim de que**, **que**.

Orações adverbiais reduzidas

Do mesmo modo que as orações substantivas e adjetivas, as orações adverbiais podem apresentar-se nas formas desenvolvida e reduzida. As **reduzidas** têm o verbo no **infinitivo**, no **gerúndio** ou no **particípio**. Veja os exemplos:

O novo funcionário veio para cuidar da segurança da escola.

(para cuidar da segurança da escola: or. subord. adverbial final reduzida de infinitivo)

Chegando ao aeroporto, ligue para mim.

(Chegando ao aeroporto: or. subord. adverbial temporal reduzida de gerúndio)

Reconhecida sua inocência, ele poderá voltar a frequentar nossos encontros.

(Reconhecida sua inocência: or. subord. adverbial condicional reduzida de particípio)

Exercícios

Leia o anúncio a seguir e responda às questões 1 e 2.

Editora Todas as Culturas/AlmapBBDO

1. Relacione as partes verbal e não verbal do anúncio.

a) O que representam a imagem de fundo e a fotografia à esquerda? Por que ela está recortada dessa forma?

---

b) Quem é o anunciante e a quem ele se dirige? Que expressão do texto faz referência direta ao anunciante? Identifique a imagem que o representa.

---

c) Qual é a finalidade do anúncio?

____

____

2. Releia a frase da parte superior, à direita:

> "Nada marca mais do que uma experiência ruim."

a) Deduza: No contexto, qual é a experiência ruim a que ela se refere?

____

____

b) Há um termo subentendido nessa frase. Reescreva-a, explicitando esse termo.

____

____

c) Classifique a oração subordinada presente na frase escrita por você no item anterior.

____

____

d) Troque ideias com os colegas e o professor e conclua: Que argumento o enunciador utiliza para persuadir seus leitores?

____

____

____

____

3. Associe as orações adverbiais destacadas com o valor semântico que elas apresentam:

☐	A criança chorou **porque a mãe precisou sair**.	**I.** consequência
☐	Riu tanto **que passou mal**.	**II.** comparação
☐	Estudou **tanto quanto eu**.	**III.** conformidade
☐	Cheguei cedo, **conforme combinamos**.	**IV.** causa

4. Leia as curiosidades a seguir.

Por que o vaga-lume acende?

O brilho que vemos nesses insetos vem de uma reação bioquímica. Mais exatamente da interação entre as substâncias químicas presentes dentro do vaga-lume. Essas interações resultam na emissão de luz. A luz, chamada de bioluminescência, serve para aproximar o macho e a fêmea. Ela se acende no abdome. Sua produção depende de uma substância, a luciferina. Em contato com o ar e com uma enzima (luciferase), essa substância produz uma luz amarelo-esverdeada.

(Disponível em: https://www.guiadoscuriosos.com.br/animais/insetos/por-que-o-vaga-lume-acende/. Acesso em: 12/7/2023.)

Por que o gato cai sempre de pé?

Geralmente isso é entendido como um mistério dos gatos, mas a resposta não é tão complicada assim. Podemos dizer que são três fatores que ajudam os gatos caírem sempre de pé: o labirinto, uma estrutura no ouvido interno responsável pelo equilíbrio, o mesmo órgão que o ser humano tem; a visão; e a resposta rápida do cérebro para os músculos. [...] O curioso é que ele acerta primeiro a cabeça e depois já muda o resto do corpo. Claro que precisa ser de uma altura que ele tenha tempo de virar para a posição normal. Às vezes, ele cai de uma altura baixa e pode ser que não caia em pé.

(Disponível em: https://www.guiadoscuriosos.com.br/animais/por-que-o-gato-cai-sempre-de-pe/. Acesso em: 12/7/2023.)

Com base nas informações dos textos, crie orações subordinadas adverbiais que estabeleçam com a oração principal de cada item a relação indicada.

a) O vaga-lume acende (final)

____

b) A altura da queda deve ter uma medida mínima (final)

____

c) A luz do vaga-lume acende (proporcional)

____

d) O vaga-lume tem um brilho (causal)

____

e) O vaga-lume só produz luz (condicional)

____

f) A luciferina brilha tanto (comparativa)

g) O gato não cai em pé (temporal)

h) A resposta do cérebro para os músculos é tão rápida (consecutiva)

5. Leia esta tira:

(Disponível em: https://www1.folha.uol.com.br/ilustrada/cartum/cartunsdiarios/#10/11/2019. Acesso em: 30/6/2023.)

a) O humor da tira é construído com base em uma informação implícita sobre o valor nutricional e a composição dos alimentos produzidos nas redes denominadas *fast-foods*. Troque ideias com os colegas e o professor e deduza: Que informação é essa?

b) Explique a ironia presente na fala da personagem no 1º quadrinho, considerando a tira como um todo.

c) Identifique e classifique a oração subordinada adverbial existente na tira.

6. Transforme em orações reduzidas (de infinitivo, de gerúndio ou de particípio) as orações destacadas nos períodos:

a) Dorme tão pesado que **dá gosto**!

b) **Ainda que todos duvidassem**, manteve sua palavra.

c) **Depois que resolveram as questões da prova**, os alunos saíram tranquilos da sala.

As orações adverbiais NA CONSTRUÇÃO DO TEXTO

Leia o poema a seguir.

Mesmo

Mesmo
Que os dias passem
Que o Sol não aqueça
Que a graça não chegue
Que o frio se estenda
Que o sono não venha
Que a sorte se afaste
Que a sede piore
Que o ar rarefaça
Que o rio enlameie
Que a guerra não cesse
Que o fogo não pare
E a vida desande
O amor não míngua.

(Lucão. *Telegramas*. São Paulo: Saraiva, 2016. p. 62.)

Biry Sarkis/Acervo da editora

1. Há uma estrutura que se repete ao longo da maior parte do poema, construindo um paralelismo entre os versos.

a) Descreva como se constitui essa estrutura.

b) A que palavra do poema essa estrutura se liga, compondo uma oração subordinada?

c) Identifique a conjunção ou a locução conjuntiva que introduz essa oração subordinada e dê o seu valor semântico.

d) Indique qual é a oração principal a que essas orações subordinadas se ligam.

2. O penúltimo verso quebra o paralelismo e contém uma conjunção coordenativa.

a) Identifique essa conjunção e classifique-a quanto a seu valor semântico.

b) Reescreva o penúltimo verso, explicitando a locução conjuntiva que está implícita no contexto.

c) Observe a relação que a oração escrita por você no item **b** estabelece com as orações anteriores e explique por que é possível considerar que o período que constitui o poema em estudo apresenta traços de coordenação e de subordinação.

d) Troque ideias com os colegas e o professor: Que efeito de sentido é gerado pela quebra do paralelismo com a introdução desse verso no poema?

3. Observe o conteúdo dos versos que compõem o paralelismo identificado por você na questão 1.

a) Eles fazem referência a situações boas ou ruins? Justifique sua resposta.

b) Essas situações de fato aconteceram ou trata-se de um universo hipotético? Justifique sua resposta com base na estrutura dos versos.

c) Deduza: Que visão o eu lírico do poema tem sobre o amor?

4. Releia o título do poema: Que relação pode ser estabelecida entre ele e os versos?

5. Troque ideias com os colegas e o professor e conclua: De que forma, no poema estudado, a sequência de construções subordinadas contribui para reforçar o ponto de vista do eu lírico sobre o amor?

SEMÂNTICA E DISCURSO

Leia o texto a seguir.

(Disponível em: https://www.behance.net/gallery/29347993/Metro-Jornal-press. Acesso em: 12/7/2023.)

1. O texto foi veiculado pelo jornal *Metro*.

a) Qual é a finalidade do texto e a quem ele se destina?

b) Levante hipóteses: Qual é a relação do jornal com o assunto? Que motivos o levariam a veicular uma propaganda com esse teor?

c) Foram empregadas, entre outras, as formas pronominais **você** e **nossas**. A quem cada uma delas se refere, no contexto?

Releia a parte verbal central, escrita em letras maiores, para responder às questões 2 e 3:

"Depois não adianta se arrepender. A não ser que você chore rios."

2. Esse trecho é composto de duas frases.

a) Identifique as orações que são conectadas pela locução conjuntiva "a não ser que".

b) Troque ideias com os colegas e o professor: Que tipo de relação essa locução estabelece entre as orações que conecta?

- [ ] condição
- [ ] concessão
- [ ] oposição

c) Levante hipóteses: Que efeito de sentido é produzido, no contexto, pelo uso do ponto em vez da vírgula para separar essas duas orações?

3. Esse trecho é construído com base em uma ironia, isto é, um recurso no qual se diz o contrário do que se quer dizer.

a) Explique como se dá a ironia no contexto.

____

____

____

b) Entre as conjunções a seguir, identifique a que tem sentido equivalente ao da locução conjuntiva "a não ser que" empregada nessa frase.

☐ caso ☐ mas ☐ uma vez que

c) Reescreva o trecho empregando a conjunção identificada por você no item **b** e fazendo as alterações necessárias para não modificar substancialmente o conteúdo.

____

____

d) Troque ideias com os colegas e o professor: A reescrita proposta no item **c** tem efeito semelhante ao do texto original? Justifique sua resposta.

____

____

____

____

4. Agora, releia o texto verbal da parte inferior, escrito em letras menores:

> "Nossas represas e reservatórios estão com capacidade abaixo do esperado para essa época do ano. Faça a sua parte. Economize e evite desperdícios. Medidas simples fazem muita diferença."

a) Há algum período composto por subordinação nesse trecho? Justifique sua resposta.

____

____

____

b) Escolha duas orações do trecho lido e, considerando a relação entre elas no contexto, reescreva-as, construindo um período composto por subordinação.

____

PARA ESCREVER COM adequação

Pontuação das orações

Leia o seguinte texto de curiosidade.

Por que a tosse demora mais para passar do que o resfriado?

A tosse é responsável pela limpeza do pulmão e tem papel fundamental na preservação do órgão. Quando as pessoas ficam resfriadas ou gripadas, a tosse se manifesta rapidamente como forma de proteção. Mesmo depois de curada a doença, os pulmões permanecem sensíveis por algumas semanas. Cabe à tosse continuar limpando o pulmão nessa fase.

(Disponível em: https://www.guiadoscuriosos.com.br/curiosidade_dia/por-que-a-tosse-demora-mais-para-passar-do-que-o-resfriado/. Acesso em: 6/7/2023.)

fizkes/Shutterstock

1. A resposta à pergunta sobre a tosse é constituída por quatro períodos, sendo os três primeiros compostos. Analise o primeiro período.

a) Classifique o período. ______

b) Qual conjunção faz a conexão entre as orações? ______

c) Observe a seguinte reescrita do período:

A tosse é responsável pela limpeza do pulmão, por isso tem papel fundamental na preservação do órgão.

Compare as duas versões e responda: O que você nota sobre o emprego da vírgula entre as orações?

______

______

2. Analise estes períodos:

"Quando as pessoas ficam resfriadas ou gripadas, a tosse se manifesta rapidamente como forma de proteção."

"Mesmo depois de curada a doença, os pulmões permanecem sensíveis por algumas semanas."

a) Classifique as orações que compõem cada um dos períodos.

b) Que posição a oração subordinada ocupa em cada um dos períodos: ela vem antes ou depois da oração principal?

c) Reescreva os períodos, alterando a posição da oração subordinada, e depois responda: O emprego da vírgula permanece na nova ordem?

Como você pôde observar, há orações que devem ser separadas de outra por vírgula e outras que não devem. Veja, a seguir, como empregar a vírgula entre orações.

Coordenadas

Emprega-se a vírgula para separar:

- as orações **coordenadas assindéticas**:

> Levantava cedo, tomava seu café, colocava uma roupa bem folgada, saía para caminhar.

- as orações **coordenadas sindéticas**, com exceção das introduzidas pela conjunção **e**:

> O exercício é difícil, mas não desanime.

Observação

As orações **coordenadas sindéticas** unidas pela conjunção **e** podem vir separadas por vírgulas:

- quando têm sujeitos diferentes: As crianças calaram-se, **e** o menino gritou.
- quando a conjunção vem reiterada: Os jovens estão felizes, **e** jogam, **e** nadam, **e** conversam, **e** riem, **e** brincam.

Subordinadas substantivas

Somente as **orações subordinadas substantivas apositivas** podem ser separadas por vírgula (ou dois-pontos) da oração principal; as demais substantivas não.

Só lhe pedimos um favor, **que não nos visitasse mais**, pois estávamos magoados com ela.

Subordinadas adjetivas

Somente as **orações subordinadas adjetivas explicativas** devem ser separadas por vírgula da oração principal; as **restritivas** não.

Curitiba, **que é a capital do Paraná**, apresenta boas soluções para o problema do transporte urbano.

Subordinadas adverbiais

- Quando vêm após a oração principal, a vírgula é optativa:

or. principal | or. subord. adverbial temporal

Os torcedores começaram a algazarra , assim que os jogadores entraram em campo.

vírgula optativa

- Quando vêm antepostas ou intercaladas à oração principal, o uso de vírgulas é obrigatório:

or. subord. adverbial temporal | or. principal

Assim que os jogadores entraram em campo , os torcedores começaram a algazarra.

vírgula obrigatória

or. principal

or. subord. adverbial temporal

Os torcedores , assim que os jogadores entraram em campo , começaram a algazarra.

vírgula obrigatória | vírgula obrigatória

- Quando são reduzidas de gerúndio, particípio e infinitivo, a vírgula é obrigatória:

or. subord. adverbial condicional reduzida de gerúndio | or. principal

Pensando desse jeito , jamais conseguiria o apoio de seus colegas de equipe.

vírgula obrigatória

Exercícios

Leia a tira a seguir para responder às questões 1 e 2.

(Disponível em: http://www.willtirando.com.br/anesia-700/. Acesso em: 12/7/2023.)

1. A tira ilustra um diálogo entre o cartunista e a personagem Anésia, conhecida por ser bastante mal-humorada.

a) Qual é a premissa adotada pelo cartunista no primeiro quadrinho?

b) Deduza: A quem se refere a forma verbal **querem** do segundo quadrinho?

c) O humor da tira está no último quadrinho e é construído principalmente pela ambiguidade da forma verbal **fazer**, omitida na oração: "Em vez de [fazer] tiras você deveria fazer cócegas". Explique os dois sentidos em oposição nessa fala e a forma como o humor é construído.

d) Qual é a avaliação de Anésia a respeito dos hábitos de leitura dos leitores?

e) Considerando suas respostas anteriores, conclua: Anésia concorda com a premissa do cartunista?

2. Justifique o emprego da vírgula nos dois primeiros quadrinhos, com base nas regras estudadas neste capítulo.

3. Algumas vírgulas foram propositalmente eliminadas no texto a seguir. Leia-o e depois empregue a vírgula para separar orações onde houver necessidade.

Pisada paulista: você sabe como surgiu o famoso símbolo das calçadas da cidade?

Antonio Salaverry/Shutterstock

O mosaico que ainda hoje decora as ruas da capital [...] é de autoria da paulista **Mirthes dos Santos Pinto**. Nascida em Barretos a artista trabalhava na Secretaria de Obras da Prefeitura de São Paulo, em 1966 quando soube do concurso promovido durante a gestão do prefeito Faria Lima (1965-69), com o objetivo de escolher um **padrão de piso para a cidade**, a exemplo das ondas de Copacabana. Mirthes ficou surpresa ao descobrir que seu trabalho estava entre os finalistas já que havia um forte concorrente ao título: o desenho de grãos de café que em sua visão era o grande favorito pois se tratava tradicionalmente do maior símbolo local.

A escolha do vencedor foi feita democraticamente via votação popular após a exibição dos desenhos dos quatro finalistas em ladrilhos da Av. Consolação. [...] O padrão de ladrilhos passou a ser produzido por diversos fabricantes e começou a conquistar as calçadas de outras lojas e casas. [...]

(Disponível em: https://spcity.com.br/pisada-paulista-voce-sabe-como-surgiu-o-famoso-simbolo-das-calcadas-da-cidade/. Acesso em: 12/7/2023.)

4. Leia, a seguir, um trecho de uma crônica de Ruth Manus. Nele, foram suprimidos todos os sinais de pontuação, exceto o ponto. Buscando o sentido global do texto, troque ideias com os colegas e empregue onde for conveniente estes sinais de pontuação: vírgula, ponto de interrogação, dois-pontos e travessão.

A incrível arte de cozinhar muito mal

Mesmo quando você tenta acertar

metamorworks/Shutterstock

Falam muito sobre cozinhar bem. Há milhares livros programas de televisão canais de youtube sites aplicativos. Ao redor do mundo cozinheiros e chefs são observados imitados e idolatrados por sua capacidade ou dom de cozinhar bem. Acho ótimo   e minha barriga também agradece aos seus talentos. Mas ninguém fala sobre a incrível arte de cozinhar mal.

Acho que no mundo existem quatro tipos de pessoas as que gostam de cozinhar e cozinham bem as que não gostam de cozinhar e simplesmente não cozinham as que não gostam de cozinhar mas precisam e cozinham qualquer gororoba só pra sobreviver e por fim as que gostam de cozinhar e cozinham verdadeiramente mal não se sabe bem o porquê. [...]

Morango leite condensado manteiga chocolate em pó conseguimos estragar Conseguimos. Maionese atum em lata e cebolinha conseguimos errar Conseguimos. Spaghetti manjericão azeite e sal. Também. Bolo de caneca. Também. Cuscuz marroquino. Também. Salada com tomate cereja e mozzarella. Também. É um talento raro uma vocação ímpar muito mais improvável do que a capacidade de preparar maravilhas com serenidade.

Fingimos que está tudo bem. Fingimos não criar expectativas de dar certo. Mas a realidade é que a gente sempre tenta acertar segue receita compra bons ingredientes prepara com cuidado. Impossível dar errado. Mas dá. Não sabemos explicar deve ser alguma influência do cosmo ou a posição de Júpiter no momento do nosso nascimento. Não há outra explicação para o fenômeno.

(Disponível em: https://www.estadao.com.br/emais/ruth-manus/a-incrivel-arte-de-cozinhar-muito-mal/. Acesso em: 12/7/2023.)

DIVIRTA-SE

Reprodução/www.iphaids.org

· CAPÍTULO ·

7 Estrutura e formação de palavras

Construindo o conceito

Leia este cartum:

NANI/Acervo do cartunista

(Disponível em: http://www.nanihumor.com/2014/04/cartum_9.html. Acesso em: 14/7/2023.)

1. O cartum retrata uma conversa entre duas personagens.

a) Levante hipóteses: Qual é a relação entre elas e onde elas estão?

____

b) O que cada uma está fazendo?

____

____

2. O humor do cartum está no emprego da palavra **descasada**. Observe estas palavras e seus significados:

- **desconfiado:** aquele que não confia
- **descongelado:** aquele que não está congelado
- **descuidado:** aquele não tem cuidado
- **desimpedido:** aquele que não está obstruído, impedido ou preso

a) Com base na observação das palavras acima, deduza: Que sentido a partícula **des-** acrescenta à palavra **descasada**?

____

b) Em seguida, conclua: Qual é o sentido da palavra **descasada**? Se necessário, use um dicionário.

____

c) Deduza: Qual das palavras a seguir passou pelo mesmo processo de formação da palavra **descasada**?

- [ ] descrição
- [ ] desfeita
- [ ] desdenhar
- [ ] desolada
- [ ] deserta

3. No contexto do cartum, a palavra **descasada** ganha um novo sentido.

a) Qual outra palavra do texto contribui para que se instaure esse novo sentido? Justifique sua resposta, indicando o novo sentido.

____

____

____

b) Troque ideias com os colegas e o professor e levante hipóteses: Esse novo sentido contém uma crítica?

____

____

____

c) Considerando suas respostas anteriores, explique o efeito de humor construído no cartum por esse novo sentido.

____

____

4. Compare as palavras **casinha** e **descasada**.

a) Que partícula dessas palavras é comum às duas?

b) Que outras palavras você pode formar fazendo uso da mesma partícula?

Conceituando

Ao responder às questões anteriores, você pôde observar que:

- baseando-nos em palavras já existentes na língua, podemos formar palavras novas;
- podemos criar palavras a partir de outra(s), usando, para isso, a parte que informa o significado das palavras, conhecida como **radical**;
- as palavras são formadas por partículas portadoras de sentido.

As partículas portadoras de sentido chamam-se **morfemas** e constituem a estrutura das palavras. A partir dos morfemas, podemos formar outras palavras.

Assim:

> Conhecer os morfemas é o mesmo que estudar a **estrutura das palavras**.
>
> Quando estudamos o modo como os morfemas se organizam e formam palavras, passamos a conhecer os **processos de formação das palavras**.

Saber como as palavras se formam possibilita compreender melhor seus sentidos e as consequências das escolhas feitas nesse processo.

Em anos anteriores, você estudou alguns elementos mórficos e alguns processos de formação de palavras. Neste capítulo, você vai organizar e aprofundar o conhecimento que já tem.

Estrutura das palavras

Em língua portuguesa, os morfemas que contribuem para formar palavras são os seguintes:

Radical

Informa o significado básico da palavra:

filh-inh-o

mund-o

A partir de um radical podemos formar várias palavras:

filho	**filh**inho	**filh**ote	**fil**ial
mundo	**mund**ano	**mund**aréu	**mund**ial

O radical pode sofrer pequenas variações, como a que ocorre na mudança de **filh** para **fil**.

O conjunto de palavras formadas a partir do mesmo radical denomina-se **família de palavras** ou **palavras cognatas**.

Afixos

São morfemas que se agregam ao radical modificando seu sentido básico. Podem ser derivacionais e gramaticais.

Os afixos derivacionais formam palavras novas. Quando colocados antes do radical, chamam-se **prefixos**; quando colocados depois do radical, chamam-se **sufixos**. Veja:

im	produt	**ivo**
prefixo (negação)	radical	sufixo (estado)

Os afixos gramaticais, também chamados **desinências**, são sempre colocados depois dos radicais. São de dois tipos:

- **desinências nominais**: informam o **gênero** e o **número** dos nomes:

filh	**a**	s
	gênero (feminino)	número (plural)

- **desinências verbais**: informam o **modo**, o **tempo**, o **número** e a **pessoa** dos verbos:

passá	**sse**	**mos**
	modo e tempo (imperfeito do subjuntivo)	pessoa e número (1ª pessoa do plural)

Vogal temática

É a vogal que, nos verbos, une o radical às desinências e indica a conjugação a que eles pertencem. São vogais temáticas:

- **-a**, que indica a 1ª conjugação: fabric **a** mos
- **-e**, que indica a 2ª conjugação: cresc **e** ndo
- **-i**, que indica a 3ª conjugação: produz **i** r

Observação

O verbo **pôr** é da 2ª conjugação por apresentar a vogal temática **e**, visível em formas como **puser**, **pusesse**. O verbo, que no passado era **poer**, perdeu historicamente a vogal na forma infinitiva, dando origem à forma atual: **pôr**.

Tema

É a parte constituída pelo radical e pela vogal temática:

tema		
pass	**a**	mos
radical	vogal temática	

tema		
com	**e**	ndo
radical	vogal temática	

tema		
part	**i**	ndo
radical	vogal temática	

Exercícios

Leia esta tira:

(Alexandre Beck. *Armandinho nove*. Florianópolis: Belas-Letras, 2016. p. 6.)

1. Como é comum ao gênero, o humor das tiras costuma se concentrar no último quadrinho.

a) Na tira lida, qual elemento do último quadrinho é essencial para a construção do humor? O que esse elemento sugere sobre o personagem principal da tira?

b) Por que a palavra **autoinssuficiente**, grafada dessa forma, foi escrita entre aspas?

2. A palavra **autoinssuficiente** foi formada a partir da junção de morfemas a uma palavra da língua portuguesa.

a) Que palavra é essa?

b) Que morfemas estão ligados à palavra **autoinssuficiente**?

____

c) A palavra **autoinssuficiente** foi escrita de acordo com a grafia padrão do português?

____

d) Levante hipóteses: Por que a palavra **autoinssuficiente** foi grafada dessa forma na tira?

____

3. Observe estas palavras:

autocrítica	insolúvel
autoadesivo	intocável
autocontrole	impossível
autoimune	inabilidade

Compare o sentido das palavras introduzidas pelos prefixos **auto-** e **in-** com o da palavra **autoinssuficiente** e conclua:

a) Qual é o sentido do prefixo **auto-**?

____

b) E do prefixo **in-**?

____

c) Com base em suas respostas aos itens **a** e **b**, responda: Qual é o sentido da palavra **autoinssuficiente** no contexto?

____

____

4. Releia as seguintes palavras do texto:

lanche	sabe	sozinho

a) Identifique o radical de cada uma delas.

____

b) Forme famílias de palavras utilizando esses radicais.

____

Leia este meme para responder às questões 5 e 6:

Jayaprasanna T.L/Shutterstock

5. O meme faz piada com o sentido da palavra **empatia**.

a) Qual é o sentido dessa palavra e qual é sua classificação morfológica? Se julgar necessário, consulte um dicionário.

b) Troque ideias com os colegas e o professor e explique com base em quais elementos mórficos se constrói a ideia do meme.

6. Releia o texto verbal inferior do meme: "pretérito imperfeito do verbo empatar".

a) Conjugue o verbo **empatar** nesse tempo, na 1ª pessoa do plural.

b) Indique e nomeie o radical, a vogal temática e as desinências da forma verbal formada por você no item **a**.

7. Leia as manchetes a seguir e indique o que as desinências e a vogal temática destacadas em negrito nos nomes e nos verbos informam. Veja o exemplo:

impressionad **a s**: desinências nominais de gênero e de número

Vazamento deixa moradores de Duque de Caxias sem abastecimento de água

(Disponível em: https://www.tupi.fm/sentinelas/vazamento-deixa-moradores-de-duque-de-caxias-sem-abastecimento-de-agua/. Acesso em: 19/7/2023.)

- vaz **a mento**: ______
- mor **a dor es**: ______
- abasteci **mento**: ______

Projeto de advogado cearense irá revisar processos sem custos para vítimas de erros judiciários

(Disponível em: https://diariodonordeste.verdesmares.com.br/seguranca/projeto-de-advogado-cearense-ira-revisar-processos-sem-custos-para-vitimas-de-erros-judiciarios-1.3387625. Acesso em: 19/7/2023.)

- cear **ense**: ______
- vítima **s**: ______
- judici **ário s**: ______

Arqueólogos encontram espada de 3 mil anos na Alemanha

(Disponível em: https://www.cnnbrasil.com.br/internacional/arqueologos-encontram-espada-de-3-mil-anos-na-alemanha/. Acesso em: 19/7/2023.)

- arqueólogo **s**: ______
- encontr **a m**: ______

8. Entre os itens a seguir, assinale aquele em que o elemento mórfico destacado está analisado incorretamente.

- [ ] **en** tard **ecer** — prefixo e sufixo
- [ ] dur **ável** — sufixo
- [ ] ped **i** mos — vogal temática
- [ ] corr **o** — desinência nominal de gênero
- [ ] crianç **a** — vogal temática

Formação das palavras

Na tira estudada na seção **Exercícios** deste capítulo, vimos que Armandinho, em oposição a **autossuficiente**, criou e empregou a palavra **autoinssuficiente**, que, por sua vez, tem como origem a palavra **insuficiente**, que já existia na língua. Como fez o personagem, os falantes da língua podem criar palavras sempre que houver necessidade de nomes para designar novas ideias ou novos objetos. Para criar uma palavra, podemos utilizar como base elementos já existentes na língua, adotar um termo de origem estrangeira ou alterar o significado de uma palavra já existente. As palavras assim criadas recebem o nome de **neologismos**.

Há, na língua portuguesa, muitos processos de formação de palavras. Os mais comuns são: **derivação** e **composição**.

Derivação

O processo de **derivação** consiste em formar uma palavra, chamada **derivada**, a partir de outra, chamada **primitiva**.

A derivação pode ser de quatro tipos:

Derivação prefixal

Ocorre quando há acréscimo de um prefixo a um radical:

incapaz	→	in	+	capaz
		prefixo		radical

Derivação sufixal

Ocorre quando há acréscimo de um sufixo a um radical:

espaçoso	→	espaç	+	oso
		radical		sufixo

> A palavra **entardecer**, que está na capa dessa revista em quadrinhos, é formada pelo processo de derivação parassintética.

Derivação parassintética

Ocorre quando há acréscimo simultâneo, isto é, ao mesmo tempo, de um prefixo e de um sufixo a um radical:

empalidecer	→	em	+	palid	+	ecer
		prefixo		radical		sufixo

Derivação prefixal e sufixal

Ocorre quando há acréscimo não simultâneo de um prefixo e de um sufixo a um radical:

infelizmente	→	in	+	feliz	+	mente
		prefixo		radical		sufixo

Observação

Para verificar se a derivação é **parassintética** ou **prefixal e sufixal**, elimine o sufixo ou o prefixo e veja se a forma que sobra constitui uma palavra existente na língua. Assim:

(em)palidecer — "palidecer" → forma inexistente

empalid(ecer) — "empálido" → forma inexistente

Concluímos, então, que ao radical **palid** houve acréscimo simultâneo de prefixo e de sufixo.

Veja agora:

(in)felizmente — felizmente → forma existente

infeliz(mente) — infeliz → forma existente

Concluímos, então, que ao radical **feliz** houve acréscimo não simultâneo de prefixo e de sufixo.

Digo Freitas/Acervo do cartunista

A palavra **insuportável**, usada na tira, é formada por derivação prefixal e sufixal (in + suporta + vel), enquanto **previsível** é formada por derivação sufixal (previs + (í)vel).

Derivação regressiva

Ocorre quando há eliminação de morfemas (desinências, sufixos, etc.) no final da palavra:

criticar	→	crítica
chorar	→	choro

Derivação imprópria

Ocorre quando há mudança no sentido e na classe gramatical da palavra:

O **monstro** do filme não punha medo em ninguém.
(monstro: substantivo)

Ocorreu uma manifestação **monstro** em Brasília.
(monstro: adjetivo)

Composição

O processo de **composição** consiste em formar palavras por meio da união de dois ou mais radicais. A composição pode ser de dois tipos:

Composição por justaposição

Ocorre quando não há alteração das palavras componentes:

beija-flor pontapé bem-me-quer figo-da-índia

Composição por aglutinação

Ocorre quando há perda de alguns sons nas palavras componentes:

outrora (outra + hora)

planalto (plano + alto)

Outros processos

Onomatopeia

Trata-se do uso de palavras que imitam aproximadamente sons e ruídos produzidos por armas de fogo, sinos, campainhas, veículos, instrumentos musicais, vozes de animais, etc. Na história em quadrinhos ao lado, por exemplo, a palavra **inhac** representa o som da mordida do cão. Outros exemplos de onomatopeia são:

tique-taque zumbir
atchim!

Carlos Ruas/Acervo do cartunista

(Disponível em: https://www.facebook.com/photo.php?fbid=230640276251548&set=pb.100079167322793.-2207520000.&type=3. Acesso em: 14/7/2023.)

Redução

Consiste em apresentar palavras de modo resumido com o objetivo de economizar tempo e espaço na comunicação falada e escrita.

A redução pode se dar das seguintes formas:

- **abreviação**: redução até o máximo possível, de modo que ainda se compreenda a palavra: moto (motocicleta), foto (fotografia), zap (WhatsApp).
- **abreviatura**: alguns autores distinguem abreviação de abreviatura, argumentando que na abreviatura são poucas letras convencionais: Sr. (senhor), p. (página), sm. (substantivo masculino).
- **sigla**: é formada pelas letras iniciais de um conjunto de palavras: SUS (Serviço Unificado de Saúde), Enem (Exame Nacional do Ensino Médio).

Empréstimos e gírias

O enriquecimento vocabular da língua se dá ainda por processos como o **empréstimo** e a **gíria**.

BearFotos/Shutterstock

Empréstimo é a incorporação de palavras e expressões estrangeiras ao vocabulário da língua. Os empréstimos entram no idioma por um processo natural, em decorrência do contato cultural e comercial ou da proximidade geográfica entre países.

Com o tempo, alguns empréstimos deixam de ser usados, enquanto outros se incorporam ao vocabulário, ou léxico, da língua. No vocabulário da língua portuguesa, encontram-se palavras que vieram do espanhol e do árabe. Outras línguas que exerceram muita influência no português são o francês, o inglês, o italiano, o alemão, as línguas africanas e indígenas.

Ao se incorporarem à língua, alguns empréstimos se aportuguesam, isto é, sofrem adaptações de som ou forma, e outros mantêm sua forma original. Por exemplo, a palavra ***vitraux*** (pronuncia-se "vitrô"), do francês, aportuguesou-se como **vitrô**; já a palavra ***office-boy***, do inglês, mantém sua forma original. Essas palavras, aportuguesadas ou não, são denominadas **estrangeirismos**.

Gíria é a palavra ou expressão de criação popular que nasce em determinados grupos sociais ou profissionais e que, às vezes, por sua expressividade, acaba se estendendo à linguagem de todas as camadas sociais.

Eis algumas expressões da gíria de skatistas:

apavorar: humilhar o grupo.

fazer naipe: fingir ser skatista.

atravessar: atrapalhar quem está andando de *skate*.

lompro: pessoa que é ridicularizada.

drenado (de adrenalina): empolgado, vibrante.

piolho, bason: quem anda bem de *skate*.

estrelinha: pessoa que anda bem, mas quer se mostrar.

pagar comédia: falar muito e fazer pouco.

(Fonte: Kárin Fusaro. *Gírias de todas as tribos*. São Paulo: Panda Books, 2001.)

Nossas e de outros

Eis algumas palavras de outras línguas e nações que foram incorporadas ao português:

- abacaxi (tupi-guarani);
- açúcar (sânscrito);
- alface (árabe);
- apartamento (francês);
- bazar (persa);
- berimbau (de língua africana);
- biombo (japonês);
- bule (malaio);
- chá (chinês);
- piano (italiano);
- piquenique (inglês);
- quadrilha (espanhol);
- sandália (turco);
- vodca (russo).

(Fonte: Ismael de Lima Coutinho. *Gramática histórica*. 6. ed. Rio de Janeiro: Acadêmica, 1967.)

Exercícios

Leia o *twitt* a seguir.

Diferentona
@diferentonabr

Amadurecer é gravar CPF

Amadurecer MUITO é gravar CPF E RG

12:35 PM · Jul 9, 2020

(Disponível em: https://twitter.com/imagensNadaAve/status/1281250751457656834/photo/1. Acesso em: 14/7/2023.)

1. O *twitt* acima constrói humor com base na concepção do que seria "amadurecer". Observe a seguir alguns dos possíveis sentidos desse verbo:

amadurecer *Datação:* 1344

Acepções

- verbo

transitivo direto, intransitivo e pronominal

1 tornar(-se) maduro; sazonar(-se), amadurar(-se)

Exs.: *o sol amadurece os frutos*
nesta época as searas amadurecem(-se)

transitivo direto e intransitivo

2 Derivação: sentido figurado.
chegar ou fazer chegar ao ponto de supuração; supurar, amolecer

Exs.: *aplicou-se um unguento para a. o tumor*
com a pomada, o abscesso amadureceu

transitivo direto e intransitivo

3 Derivação: sentido figurado.
dar a ou adquirir experiência; tornar(-se) consciente, maduro

Exs.: *os anos amadureceram-no*
seu espírito amadureceu cedo

(Dicionário Eletrônico Houaiss)

a) Qual dessas acepções está relacionada à postagem em estudo?

---

b) Troque ideias com os colegas e o professor e deduza: Como se dá o processo de formação da palavra **amadurecer**?

---

2. Algumas palavras foram escritas com todas as letras maiúsculas por dois motivos.

a) Analise-as no contexto e deduza os dois motivos que levaram a essa escrita.

b) Qual dos motivos indicados por você no item **a** está relacionado à formação das respectivas palavras? Justifique sua resposta.

3. Considerando suas respostas anteriores, explique como se constrói o efeito de humor do *twitt*.

Leia o texto a seguir e responda às questões 4 a 8.

Trava-línguas dos pelados

Paulo Netho sabia bem o que estava fazendo quando propôs a brincadeira de *O Pinto Pelado no reino dos Trava-Línguas* (Formato Editorial, 2006, 21 p.). O autor é um desbravador de línguas que costuma desenrolar histórias cheias de armadilhas de pronúncias, em público, Brasil afora, sem dar um tropeço.

Neste livro, Netho amarrou trava-línguas de sua autoria com os de Cego Aderaldo, Chico dos Bonecos e outros tradicionais. Criou uma aventura engraçada, em que o frango amalucado, Domingos Pinto Pelado, personagem do folclore, foge de seu trágico destino numa viagem pelo mundo dos trava-línguas, provocando alguns diálogos sem pé nem cabeça. *Nonsense* total, destes que fazem as crianças rolarem de rir.

[...]

(*Língua*, ano 5, n. 66. p. 62.)

4. Identifique os processos de formação das seguintes palavras do texto:

a) trava-línguas: ______

b) destravador: ______

c) desenrolar: ______

d) tradicionais: ______

e) engraçada: ______

f) amalucado: ______

g) (os) pelados: ______

5. A palavra ***nonsense*** costuma ser usada na língua portuguesa, mas provém de uma língua estrangeira. Troque ideias com os colegas e tente descobrir:

a) Por qual processo ela foi formada? ______

b) Qual é a sua origem? ______

c) O que ela significa? ______

6. A palavra **brincadeira** é formada da seguinte maneira: **brincado + -eira**, em que o sufixo **-eira** transmite uma noção de "ação coletiva" ou de "continuidade". Cite outras palavras em que o sufixo **-eira**/**-eiro** transmita a ideia de:

a) ocupação, ofício ______

b) árvore ou arbusto: ______

c) lugar onde se guarda algo: ______

d) intensidade ou aumento: ______

e) objeto de uso: ______

7. A palavra **folclore**, empregada no texto, originou-se do inglês — *folk* (povo, nação) + *lore* (ensinamento, instrução) —, mas já está aportuguesada e consta dos dicionários. A partir dela, nasceram várias outras palavras em nossa língua.

a) Cite ao menos duas.

______

b) As palavras que você citou no item **a** sofreram qual processo de formação?

______

8. A palavra **engraçada**, empregada no texto, formou-se com o prefixo **en-** e com o sufixo **-ada**. Esse sufixo pode apresentar diferentes sentidos. A seguir, associe as palavras ao sentido que o sufixo **-ada** apresenta em cada uma delas.

a) duração prolongada

b) movimento enérgico, golpe

c) produto alimentar

d) multidão, coleção

☐ chicotada ☐ papelada ☐ invernada ☐ marmelada

Estrutura e formação das palavras
NA CONSTRUÇÃO DO TEXTO

Leia este poema, de José Paulo Paes:

Etimologia

no suor do rosto
o gosto
do nosso pão diário

sal: salário

(*Os melhores poemas de José Paulo Paes*. 5. ed. São Paulo: Global, 2003. p. 156.)

Filipe Rocha/Acervo da editora

1. O título do poema é **Etimologia**. Consulte o dicionário:

a) Qual é o significado dessa palavra?

____

____

b) Como se deu a formação dela? Dê o sentido de seus elementos mórficos.

____

____

2. Com apenas quatro versos, o poema apresenta um esquema de rimas. Qual é esse esquema?

____

____

3. As expressões "suor do rosto" e "pão diário" remetem a que tipo de atividade humana?

____

4. Que relação geralmente se estabelece entre o suor do rosto e o sal?

____

____

5. O poema é organizado em duas estrofes, e a última é formada por um único verso. Que importância tem, para a construção do sentido do poema, o isolamento do último verso?

6. Faça uma pesquisa no dicionário comum ou em dicionário etimológico ou na internet e responda:

a) Qual é a origem da palavra **salário**?

b) Explique como historicamente nasceu a palavra **salário** e qual é a sua relação com a palavra da qual se origina.

7. As palavras **diário** e **salário** têm a mesma terminação, **-ário**, que pode apresentar vários sentidos.

a) Qual é o processo de formação dessas palavras?

b) Leia, na coluna da esquerda, a lista de sentidos que o sufixo **-ário** pode apresentar; depois, leia as palavras da coluna ao lado e ligue cada uma delas ao seu respectivo sentido.

• ligado a ciências naturais ou biociências	abecedário
• coleção, reunião	orquidário
• agente	protozoário
• cultivo, recipiente	comerciário
	salário

8. Como conclusão de estudo, responda: Qual é a importância dos elementos mórficos e dos processos de formação de palavras na construção dos sentidos do poema em estudo?

SEMÂNTICA E DISCURSO

Leia a seguir o trecho de uma crônica de Tati Bernardi.

Quando a gente era criança e queria ir a uma padaria ou sorveteria, era só dizer: ei, mãe, ei, pai, vou ali na papelaria. Que ingênuos. [...]. Não sabíamos muito bem o que aconteceria com o mundo. [...]

A gente não imaginava que, um dia, [...] um rapazote [...] pensaria que uma lanchonete deveria se chamar hamburgueria. Ou que para vender roupas você teria que abrir uma rouparia.

Ninguém desconfiaria que nesse dia, nessa hora, um portal do "algumacoisaria" se abriria e que livre a gente nunca mais estaria. Perdão se está saindo tudo meio na poesia. (Certeza que na Vila já abriram alguma poesiaria.) Não à toa, nas proximidades do bairro, existe até um bar/livraria cujos donos, na dúvida entre classificar como drinqueria, botecaria ou livrariaria, chamaram apenas de Ria.

Filipe Rocha/Acervo da editora

As paleterias passaram pela vida dos paulistanos deixando a certeza de que nem sempre vale a pena apostar na desejaria de ser o empresário de uma endinheiraria. Mas em seu lugar ficaram as ruas fechadas em dias de feiraria, as posterias de gasolina e as moderníssimas iogurterias, temakerias, esfiherias, brigaderias, cupcakerias, brownerias, suquerias, polpetonerias, musculaterias, esmalterias, camiseterias, brinquederias [...].

Meu maior desejo hoje, e por isso escrevo esta crônica, é encontrar patrocínio para abrir [...] uma NADERIA. Um lugar que, desculpe se parecer meio óbvio, não tem ninguém. Não vende nada. Não tem paredes. Não tem portas. Não expõe produtos. Ali o capitalismo não impera [...]. Lá não se precificam objetos e não se objetificam humanos. [...] Já vejo um futuro tão promissor para o que não funciona que já quero abrir a promissoraria. Eu não consigo parar.

(Disponível em: https://www1.folha.uol.com.br/colunas/tatibernardi/2023/03/para-salvar-a-americanas-da-vila-madalena-basta-rebatiza-la-de-americanarias.shtml. Acesso em: 12/7/2023.)

1. O texto é pautado em um processo específico de formação de algumas palavras.

a) Descreva como são construídas as palavras cujo processo de formação foi explorado no texto.

____

____

b) Qual é, em geral, a função dessas palavras?

____

____

c) A autora vê esse processo de forma positiva ou negativa? Justifique sua resposta com base no texto.

d) A autora fala especificamente sobre o contexto da cidade onde ela mora, São Paulo. E você, já observou, na cidade onde mora, um fenômeno semelhante? Comente com os colegas e cite exemplos.

2. Compare os quatro grupos de palavras a seguir, extraídas do texto.

queria, aconteceria, pensaria, teria, desconfiaria, estaria, abriria
sorveteria, padaria, livraria
hamburgueria, rouparia, paleteria, iogurteria, temakerias, esfiherias, brigaderias, cupcakerias, brownerias, suquerias, polpetonerias, musculaterias, esmalterias, camiseterias, brinquederias
algumacoisaria, poesiaria, drinqueria, botecaria, livrariaria, endinheiraria, feiraria, posterias, naderia, promissoraria

a) O que há de comum entre essas palavras?

b) Troque ideias com os colegas e o professor e deduza: Que critério foi usado para dividir essas palavras nesses quatro grupos?

c) Apenas um dos grupos não é formado por substantivos. Identifique-o e classifique morfologicamente as palavras que o compõem.

d) Quais desses grupos de palavras estão diretamente relacionados ao sentimento da autora exposto no texto? Justifique sua resposta.

3. Entre as palavras analisadas na questão anterior, uma foi escrita entre aspas e outra foi escrita em letras maiúsculas no texto. Identifique-as e levante hipóteses: Por que a autora fez essas escolhas?

4. Releia o último parágrafo:

> "Meu maior desejo hoje, e por isso escrevo esta crônica, é encontrar patrocínio para abrir, na [...], uma NADERIA. Um lugar que, desculpe se parecer meio óbvio, não tem ninguém. Não vende nada. Não tem paredes. Não tem portas. Não expõe produtos. Ali o capitalismo não impera [...]. Lá não se precificam objetos e não se objetificam humanos. Já vejo um futuro tão promissor para o que não funciona que já quero abrir a promissoraria. Eu não consigo parar."

a) A autora está sendo irônica? Justifique sua resposta.

b) Foi empregada nesse parágrafo uma sequência de frases com palavras de negação. Sublinhe essas frases no trecho acima, depois troque ideias com os colegas e o professor e levante hipóteses: O que se está negando e que crítica é feita nessa sequência?

c) Explique o sentido, no contexto, da última frase do texto: "Eu não consigo parar".

5. Como conclusão do estudo, é possível considerar que esse texto mostra que em determinadas situações o processo de formação de algumas palavras:

- [ ] é um fenômeno exclusivamente gramatical que em nada interfere nas relações sociais.
- [ ] é um fenômeno histórico que se desenvolveu e se encerrou no início da criação das línguas.
- [ ] é um fenômeno pessoal e subjetivo, pois sua percepção varia muito de acordo com os gostos de cada um.
- [ ] é um fenômeno linguístico e, como tal, interfere diretamente na sociedade, em suas práticas e instituições.

PARA ESCREVER COM adequação

O valor semântico dos radicais

Leia esta tira:

(Disponível em: http://bichinhosdejardim.com/wp-content/uploads/2011/12/bdj-111220-web.jpg. Acesso em: 12/7/2023.)

1. Ao longo dos quadrinhos, Maria Joaninha dialoga diretamente com seus leitores.

a) Quais palavras do texto marcam essa interação?

____

b) O que a personagem anuncia que vai fazer no primeiro quadrinho? Qual é a expectativa criada no leitor e por quê?

____

____

____

2. No segundo quadrinho é revelado o objeto anunciado no primeiro.

a) Qual palavra do texto nomeia esse objeto?

____

b) Observe a forma verbal e os adjetivos empregados nesse quadrinho: O que eles sugerem sobre o objeto?

____

3. No terceiro e no quarto quadrinhos, Maria Joaninha continua descrevendo o objeto e seu funcionamento. O tom da descrição mantém o tom da fala do segundo quadrinho?

____

4. O radical **eletro** se origina do grego ***elektron***, e tem o sentido relacionado à capacidade de gerar energia, eletricidade. Na tira, ele foi utilizado na formação de uma palavra.

a) Que palavra é essa?

____

b) Que outras palavras com o radical **eletro** você conhece?

____

Na língua portuguesa, há inúmeras palavras formadas por radicais de origem grega e latina. Esses radicais constituem uma fonte inesgotável de novas palavras, utilizadas nos diversos ramos das ciências, das artes, do comércio, da indústria, etc. A palavra **odontologia**, por exemplo, é formada por dois radicais: **odonto** (= dente) e **logia** (= ciência). Esses radicais estão presentes também em palavras como **odontólogo**, **odontografia**, **odontoscopia**, **biologia**, **arqueologia**, **bacteriologia**, etc.

Exercícios

Leia o poema a seguir para responder às questões 1 a 3.

Reprodução/www.lucaoescritor.com

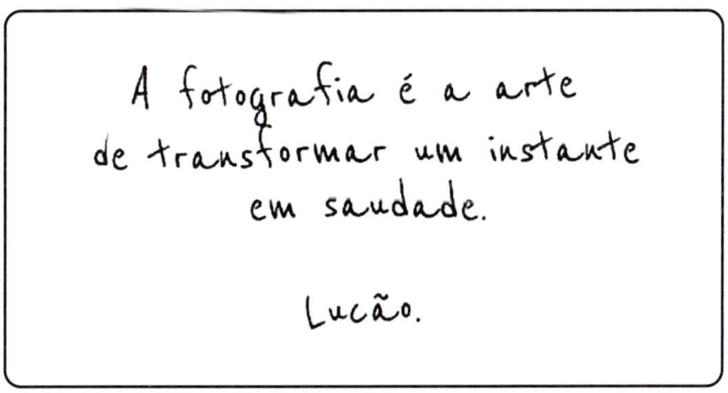
A fotografia é a arte
de transformar um instante
em saudade.

Lucão.

(Lucão. Disponível em: https://36.media.tumblr.com/04250a4e4ac381277dd8eb1182210d1f/tumblr_nibotp3x1z1sth-f15o1_500.jpg. Acesso em: 12/7/2023.)

1. O poema é construído com base em uma definição.

a) Qual é o termo definido?

____

____

b) Trata-se de uma definição técnica ou subjetiva?

____

____

Filipe Rocha/Acervo da editora

c) Você se identifica com a definição elaborada no poema? Por quê?

2. A palavra **fotografia** é formada por dois radicais gregos. O radical **foto** significa "luz", e **grafia**, "escrita".

a) Que outras palavras iniciadas por **foto** você conhece?

b) Que outras palavras terminadas por **grafia** você conhece?

3. Explique a oposição entre **instante** e **saudade** presente no poema.

4. Reescreva as frases a seguir, substituindo adequadamente a expressão destacada por uma das palavras do quadro.

bibliófilo	fotografia	biblioteca	telefone
cardiologia	psicoterapia	geografia	psicologia
oftalmologia	filosofia	aristocracia	democracia
geologia	megalomania	filantropia	pinacoteca

a) Sua **mania de grandeza** não deixava espaço para amigos.

b) O voto de todos fortalece o **governo do povo**.

c) O **amor pela sabedoria** tem por fim a harmonia entre os homens.

d) Na medicina, houve grande desenvolvimento do **estudo do coração**.

5. Leia este haicai, de Millôr Fernandes:

> Eu sofro de mimfobia
> Tenho medo de mim mesmo
> Mas me enfrento todo dia.
>
> (Poeminha fora da estação II — Coragem é isso aí, bicho! *In*: *Poemas*. Porto Alegre: L&PM, 2001.)

O autor usa um neologismo, formado pelo pronome **mim** + o radical **fobia**. No segundo verso, ele apresenta o sentido literal dessa palavra: "medo de mim mesmo".

As palavras abaixo contêm o radical **fobia** e designam medo de alguma coisa ou aversão por ela. Medo de quê?

a) claustrofobia ______

b) acrofobia ______

c) xenofobia ______

d) fotofobia ______

6. Leia esta tira, de Caco Galhardo:

a) A tira é construída com base em uma relação intertextual com uma história de super-herói. Quem é esse super-herói?

______

b) Qual é a expectativa construída pelos dois primeiros quadrinhos? Como essa expectativa é quebrada no último quadrinho?

______

______

c) A palavra **megalópole** é formada por um radical e um prefixo. Identifique-os e indique o sentido que cada um deles tem.

______

d) Conclua: Que significa **megalópole**?

______

DE OLHO NA escrita

Siglas e abreviações

Releia a tira que você leu na seção anterior:

(Disponível em: http://bichinhosdejardim.com/wp-content/uploads/2011/12/bdj-111220-web.jpg. Acesso em: 12/7/2023.)

1. No terceiro quadrinho, Maria Joaninha fala especificamente sobre o processo de lavagem do objeto que apresenta.

a) Que expressão ela utiliza para caracterizar a lavagem?

b) O conteúdo da fala que está depois do sinal de dois-pontos confirma ou nega essa caracterização?

c) Que figura de linguagem podemos identificar nesse trecho?

2. Compare as partes verbal e não verbal do terceiro quadrinho.

a) O que Maria Joaninha tem em seu rosto?

b) Que expressão da fala da personagem dialoga diretamente com esse objeto?

c) Qual é o sentido da palavra **Nasa** e de que forma ela contribui para a construção do humor da tira?

3. Você conhece este logotipo?

Reprodução/Organização das Nações Unidas

a) O que a sigla **ONU** significa?

b) Troque ideias com os colegas: Qual é o objetivo da entidade que tem esse logotipo?

4. Todos os anos, os moradores recebem da prefeitura o carnê de **IPTU**. O que significa a sigla IPTU?

As siglas e as abreviaturas servem para simplificar a comunicação oral e escrita. No entanto, elas não são criadas aleatoriamente, pois há regras a serem seguidas no processo de abreviação e existem também abreviaturas e siglas fixadas pelo sistema ortográfico da língua.

As siglas podem ser:

- compostas das iniciais maiúsculas dos elementos que formam o nome:

BNH — Banco Nacional da Habitação

- compostas das sílabas iniciais de cada um dos elementos que formam o nome:

Embratel — Empresa Brasileira de Telecomunicações

Veja, a seguir, uma relação de siglas muito utilizadas no Brasil:

BNDES — Banco Nacional de Desenvolvimento Econômico e Social
CBF — Confederação Brasileira de Futebol
CGTB — Central Geral dos Trabalhadores do Brasil
CLT — Consolidação das Leis do Trabalho
CUT — Central Única dos Trabalhadores
DER — Departamento de Estradas de Rodagem
FAB — Força Aérea Brasileira
FGTS — Fundo de Garantia do Tempo de Serviço
FMI — Fundo Monetário Internacional
Funai — Fundação Nacional dos Povos Indígenas

IBGE — Instituto Brasileiro de Geografia e Estatística
ICMS — Imposto sobre Circulação de Mercadorias e Serviços
MEC — Ministério da Educação
OAB — Ordem dos Advogados do Brasil
ONU — Organização das Nações Unidas
PIB — Produto Interno Bruto
PIS — Programa de Integração Social
STF — Supremo Tribunal Federal
UTI — Unidade de Terapia Intensiva

Siglas dos Estados brasileiros

AC — Acre
AL — Alagoas
AM — Amazonas
AP — Amapá
BA — Bahia
CE — Ceará
ES — Espírito Santo
GO — Goiás
MA — Maranhão
MG — Minas Gerais
MS — Mato Grosso do Sul
MT — Mato Grosso
PA — Pará
PB — Paraíba
PE — Pernambuco
PI — Piauí
PR — Paraná
RJ — Rio de Janeiro
RN — Rio Grande do Norte
RO — Rondônia
RR — Roraima
RS — Rio Grande do Sul
SC — Santa Catarina
SE — Sergipe
SP — São Paulo
TO — Tocantins

João Prudente/Pulsar Imagens

As abreviaturas obedecem às seguintes normas para sua constituição:

- geralmente terminam com ponto:

av. (avenida) **ago.** (agosto)

- há variantes:

ap. ou **apart.**

- conservam a acentuação da palavra original:

p. ou **pág.** (página)

- o plural pode ser indicado pelo uso de letras dobradas:

A. (autor) **AA.** (autores)

- os símbolos científicos são abreviados sem ponto:

O (oxigênio) **g** (grama)

Veja, a seguir, uma relação das abreviaturas mais comuns:

A/C — aos cuidados de
a.C. — antes de Cristo
ago. — agosto
ap. ou **apart.** — apartamento
av. — avenida
bibl. — bibliografia, bibliográfico ou biblioteca
cap., caps. — capítulo, capítulos
c/c — conta-corrente
cent. — centavo
cf. ou **cfr.** — confira, confronte, compare
cit. — citação, citado(s), citada(s)
cód. — código
créd. — crédito
D. — Dom, Dona
d.C. — depois de Cristo
DD. — Digníssimo
Dr., Drª — Doutor, Doutora
dz. — dúzia(s)
E.D. — espera deferimento
e.g. — *exempli gratia* (por exemplo)
etc. — *et coetera* (e outros)
ex. — exemplo(s)
Exª — Excelência
fev. — fevereiro
gen. — general
h — hora(s)
hab. — habitante
ib. ou **ibid.** — *ibidem* (no mesmo lugar)
id. — *idem* (a mesma coisa anterior)
i.e. — isto é
jan. — janeiro
jul. — julho
jun. — junho
ltda. — limitada
min — minuto(s)
MM. — Meritíssimo
nº — número
nac. — nacional
nov. — novembro
N. da E. — Nota da Editora
N. do T. — Nota do Tradutor
obs. — observação, observações
op. cit. — *opus citatum* (obra citada)
p. ou **pág.**, **pp.** ou **págs.** — página, páginas
pal. — palavra(s)
P.D. — pede deferimento
p. ex. — por exemplo
P.F. — por favor
pg. — pago
pl. — plural
p.p. — por procuração; próximo passado
P.S. — *post scriptum* (pós-escrito)
rem.te ou Remte. — remetente
s.d. — sem data
séc. — século
Sr., Srª — Senhor, Senhora
TV — televisão
V. — você
V.Sª — Vossa Senhoria
W.C. — *water closet* (banheiro)

Exercícios

Leia este anúncio de uma campanha e responda às questões 1 e 2:

(Disponível em: https://m.facebook.com/conselhofederaldemedicina/photos/campanha-do-cfm-cadastram%C3%A9dicos/2071873783054683/?locale=ko_KR. Acesso em: 5/7/2023.

1. Uma campanha comunitária geralmente busca conscientizar um grupo de pessoas a respeito de um problema ou estimular uma ação.

a) A quem se destina esse anúncio de campanha? __________

b) Quem é o anunciante? __________

c) Qual é o objetivo do anúncio? __________

2. Há uma sigla no anúncio.

a) Qual é a sigla? __________

b) Como essa sigla foi formada? __________

c) Levante hipóteses: Por que o nome correspondente à sigla não foi escrito no anúncio?

____

____

3. Você provavelmente já teve de preencher fichas de cadastro em *sites*, nas quais é comum o emprego de siglas. Observe esta ficha:

DADOS DA PESSOA FÍSICA/JURÍDICA

Tipo do Fornecedor: * ○ PF ✔ PJ

Razão Social: *

Nome Fantasia:

CPF/CNPJ: *

Representante:

Endereço: *

Bairro: * ☐ Internacional

Cidade: * RN ▼

CEP:

E-mail:

Fone:

NIT ou PIS/PASEP:

Cadastrar Cancelar

* Campos de preenchimento obrigatório.

Fechar

a) O que significam as siglas **PF** e **PJ**? Ao preencher a ficha, você assinalaria qual dos itens?

____

____

____

b) O que as siglas **CPF** e **CNPJ** representam? Ao preencher a ficha, você escreveria o número correspondente a qual delas?

____

____

____

c) Na parte destinada ao endereço do interessado, consta a sigla **RN**. O que ela significa? Qual é a sigla equivalente ao lugar em que você mora?

d) O que a sigla **CEP** significa? O que você escreveria nesse item?

e) O que as siglas **PIS** e **Pasep** significam?

4. Indique a que se referem as siglas:

a) CPI

b) Ibope

c) Ibama

5. Nos dias de hoje, as abreviaturas são bastante empregadas em mensagens trocadas entre pessoas íntimas e nas redes sociais da internet. Embora essas abreviaturas não sejam "oficiais", a maioria dos internautas as conhece e as usa. Em grupo, troque ideias com os colegas e façam uma lista das abreviaturas geralmente usadas entre internautas.

DIVIRTA-SE

(Disponível em: http://www.willtirando.com.br/rodabungulho/. Acesso em: 17/7/2023.)

·CAPÍTULO· 8

Concordância nominal e concordância verbal

Construindo o conceito

Leia os títulos e subtítulos de notícias a seguir:

I.

WhatsApp, Instagram e TikTok são as redes sociais preferidas de crianças e adolescentes

Edição mais recente da pesquisa TIC Kids Online Brasil revela que 93% da população entre 9 e 17 anos estava conectada à internet em 2021

(Disponível em: https://porvir.org/whatsapp-instagram-e-tiktok-sao-as-redes-sociais-preferidas-de-criancas-e-adolescentes/. Acesso em: 17/7/2023.)

II.

TikTok é a rede social mais usada por crianças e adolescentes de 9 a 17 anos

Instagram vem logo em seguida; a pesquisa também revelou que 78% dos usuários nessa faixa etária utilizaram qualquer tipo de plataforma em 2021

(Disponível em: https://www.cnnbrasil.com.br/tecnologia/tiktok-e-a-rede-social-mais-usada-por-criancas-e-adolescentes-de-9-a-17-anos/. Acesso em: 17/7/2023.)

III.

Sites e aplicativos educacionais brasileiros coletaram e compartilharam dados de crianças, diz relatório da Humans Rights Watch

Monkey Business Images/Shutterstock

Relatório analisou cada produto e o tratamento prestado a dados coletados com as políticas de privacidade de cada um para determinar se o uso das informações era devidamente informado

(Disponível em: https://g1.globo.com/educacao/noticia/2022/05/25/sites-e-aplicativos-educacionais-brasileiros-coletaram-e-compartilharam-dados-de-criancas-diz-relatorio-da-humans-rights-watch.ghtml. Acesso em: 17/7/2023.)

1. Esses títulos abordam a relação de crianças e adolescentes com a tecnologia e as redes sociais citando estudos e pesquisas.

a) Considerando o gênero dos textos que receberam esses títulos e subtítulos — a notícia —, responda: Qual é a importância de usar citações em contextos como esse?

b) Quais desses títulos e subtítulos apresentam dados estatísticos?

c) Você se enquadra nas estatísticas apresentadas pelos títulos? Comente com os colegas e o professor.

2. Observe e compare estes trechos:

- "WhatsApp, Instagram e TikTok são as redes sociais preferidas [...]"
- "TikTok é a rede social mais usada [...]"

Considerando seu conhecimento como falante de português e o que você já aprendeu em anos anteriores, deduza:

a) Por que no primeiro trecho os adjetivos **sociais** e **preferidas** foram empregados no feminino e no plural?

b) Por que, nesse trecho, o verbo **ser** está na 3ª pessoa do plural?

c) Identifique o sujeito e o verbo da oração do segundo trecho. Depois, explique por que o verbo está no singular.

d) Por que, nesse trecho, os adjetivos **social** e **usada** foram empregados no feminino e no singular?

3. Agora, considerando seu conhecimento como falante do português, reescreva o terceiro título fazendo as substituições solicitadas a seguir e as adaptações necessárias.

Substituir a palavra ou expressão	por
Sites e aplicativos	Plataformas digitais
relatório	pesquisas
dados	informações
políticas	contrato
uso	utilização
informações	dados

Em seguida, compare sua reescrita com a versão original e discuta com os colegas e o professor: Que adaptações no texto foram necessárias por causa dessas substituições? Por que isso ocorre?

Conceituando

Ao responder às questões anteriores, você pôde observar que, no primeiro título, o fato de o substantivo **redes** estar no plural determina o emprego dos adjetivos **sociais** e **preferidas** no plural, assim como o sujeito composto "WhatsApp, Instagram e TikTok" determina a flexão da forma verbal, também no plural, **são**. E pôde observar, no segundo e no terceiro títulos, que o substantivo **rede**, no singular, leva ao emprego dos adjetivos **social** e **usada** no singular, assim como o sujeito simples e no singular, **TikTok**, no segundo título, implica o emprego da forma verbal **é**, também no singular.

Nesses casos, a concordância foi feita segundo as regras da norma-padrão. Veja estas relações de concordância:

sujeito				predicado				
WhatsApp,	Instagram	e	TikTok	são	as	redes	sociais	preferidas.
substantivo	substantivo		substantivo	verbo	artigo	substantivo	adjetivo	adjetivo

Na língua portuguesa, há dois tipos de concordância: **nominal** e **verbal**.

Segundo a norma-padrão, as concordâncias seguem os seguintes princípios:

Concordância nominal: ocorre em gênero e número entre o substantivo e seus determinantes — o adjetivo, o pronome adjetivo, o artigo, o numeral e o particípio.

Concordância verbal: ocorre entre o verbo e seu sujeito, em número e pessoa.

A concordância nominal

Regra geral

Observe a concordância dos artigos e dos adjetivos com os substantivos nestas expressões dos títulos estudados na seção anterior:

as	redes	sociais	preferidas
artigo	substantivo fem. plural	adjetivo dois gêneros plural	adjetivo fem. plural

sites e aplicativos	educacionais	brasileiros
substantivos masc. plural	adjetivo dois gêneros plural	adjetivo masc. plural

93%	da	população	entre 9 e 17 anos estava conectada
	artigo fem. singular (contração de + a)	substantivo fem. singular	adjetivo fem. singular

o	uso	das	informações	era	devidamente	informado
artigo masc. sing.	substantivo masc. sing.	artigo fem. plural (contração de + as)	substantivo fem. plural			particípio masc. sing.

Em resumo, artigos, adjetivos, pronomes, numerais e particípios concordam em gênero e número com os substantivos a que se referem. Veja:

Aquela	pesquisa	analisou	o	tratamento	prestado	a	dados	coletados.
pronome fem. sing.	substantivo fem. sing.		artigo masc. sing.	substantivo masc. sing.	adjetivo/particípio masc. sing.		substantivo masc. plural	adjetivo/particípio masc. plural

Leia agora esta frase:

Os aplicativos responderão por dados e informações coletados.

Nessa frase, o adjetivo **coletados** refere-se a dois substantivos de gêneros diferentes: **dados**, que é masculino, e **informações**, que é feminino. Por se referir a dois substantivos de gêneros diferentes, ele está no masculino e no plural, embora também seja possível a concordância com o substantivo mais próximo.

Regras especiais

Nos anos anteriores, estudamos alguns casos especiais de concordância nominal. A seguir, você vai rever alguns deles e ver alguns casos novos.

1. As expressões **é proibido**, **é necessário**, **é preciso**, **é bom** não variam quando o adjetivo se refere a substantivos de sentido genérico:

- Tristeza **é proibido**.
- Alegria **é necessário**.
- Música **é bom**.

Entretanto, se o substantivo a que o adjetivo se refere é determinado por artigos ou pronomes, a concordância é feita normalmente:

- Naquela casa, a tristeza era **proibida**.
- Serão **precisos** outros dois homens para carregar o piano.

2. As palavras **bastante**, **meio**, **pouco**, **muito**, **caro**, **barato**:

- concordam com o substantivo quando têm valor de **adjetivo** ou **numeral adjetivo**:

  - Ali, a comida é **barata**, mas é boa.
  - Chegamos exatamente ao meio-dia e **meia** (hora).

- são invariáveis quando têm valor de **advérbio**:

  - As crianças estavam **meio** assustadas com o barulho da tempestade.
  - Até que custou **barato** a troca dos pneus!

3. Os adjetivos **anexo**, **obrigado**, **mesmo**, **próprio**, **incluso** concordam com o substantivo a que se referem:

- Ela costura as **próprias** roupas.
- As receitas seguiram **anexas** ao pacote de doces.

A expressão adverbial **em anexo**, entretanto, é invariável:

As receitas seguiram **em anexo** ao pacote de doces.

Exercícios

Leia a tira a seguir.

(Disponível em: https://www1.folha.uol.com.br/ilustrada/cartum/cartunsdiarios/#8/6/2023. Acesso em: 18/7/2023.)

1. A tira caracteriza o personagem retratado por meio de algumas atividades que ele realiza. Observe os três primeiros quadrinhos.

a) Que traços do personagem podem ser apreendidos desses quadrinhos? Justifique sua resposta com termos e expressões da tira.

b) De que forma as imagens contribuem para a caracterização do personagem?

c) Segundo o dicionário, **inimaginável** corresponde a "aquilo que não se pode imaginar". Qual é o sentido da palavra **inimagináveis** no segundo quadrinho? Cite palavras que poderiam substituí-la no contexto sem acarretar mudança profunda de sentido.

d) Reescreva a parte verbal dos quadrinhos, imaginando que a personagem fosse feminina. Em seguida, identifique os adjetivos que seriam modificados e explique por que os demais não seriam.

2. Como é comum nas tiras, a construção de humor se dá pela quebra de expectativa no último quadrinho.

a) Observando a sequência dos quadrinhos, é possível perceber que entre eles há uma relação de:

☐ oposição, pois eles se intercalam na exposição de uma ideia seguida da exposição do contrário dessa ideia.

☐ gradação, pois a cada quadrinho há uma sugestão de aumento progressivo das dificuldades enfrentadas pelo personagem.

☐ limitação, pois o conjunto da tira sugere que o personagem se restringe a realizar apenas essas atividades em sua vida.

b) Qual é a expectativa quebrada no último quadrinho? Explique a forma pela qual se dá a construção do humor nesse contexto.

3. Relacione as partes verbal e não verbal do último quadrinho.

Galvão Bertazzi/Folhapress

a) O que a ilustração sugere sobre os comentários populares na internet?

b) Você concorda com a visão da tira sobre esses comentários? Justifique sua resposta.

4. Complete as frases, fazendo a concordância dos adjetivos indicados entre parênteses de acordo com as regras da norma-padrão:

a) O sinal para a saída da escola é dado pontualmente ao meio-dia e ______________ (meio).

b) Após o início do espetáculo, não é mais ______________________ (permitido) a entrada.

c) A diretora da escola colocou um aviso na quadra: "É ______________________ (proibido) pessoas não autorizadas neste local".

d) Mamãe está ________________ (meio) nervosa à espera dos resultados de seus exames de sangue.

e) As roupas estão muito ____________________ (barato) naquela loja.

Leia e compare as frases abaixo para responder às questões 5 e 6.

- Somos **bastante** competentes para fazer receitas com **bastantes** e sofisticados ingredientes.
- Há alunos **bastante** inteligentes nesta turma.
- Há **bastante** aluno inteligente nesta turma.

5. Na primeira frase, a palavra **bastante(s)** aparece duas vezes. Em uma das situações, ela é adjetivo e significa "vários, diferentes". Na outra, é advérbio e significa "muito". Identifique cada uma das situações.

____

6. Observe a palavra **bastante** na segunda e na terceira frases.

a) Que sentido ela apresenta em cada frase? A que classe de palavras ela pertence em cada frase?

____

____

b) Em qual das duas situações a palavra **bastante** é invariável? ______________________

7. Leia estas frases:

- Há bastantes razões para você viajar.
- Há razões bastantes para você viajar.

Embora o adjetivo **bastante** não sofra alteração quanto à concordância nessas frases, sua colocação antes ou depois do substantivo **razões** modifica-lhe o sentido.

a) Qual é o sentido do adjetivo **bastante** na primeira frase? ______________________

b) E na segunda? ____

A concordância verbal

Observe estes trechos dos títulos e subtítulos que você analisou no início deste capítulo:

WhatsApp, Instagram e TikTok são as redes sociais preferidas de crianças e adolescentes.
sujeito composto

TikTok é a rede social mais usada por crianças e adolescentes de 9 a 17 anos.
sujeito simples

Instagram vem logo em seguida.
sujeito simples

Sites e aplicativos educacionais brasileiros coletaram e compartilharam dados de crianças.
sujeito composto

Relatório analisou cada produto.
sujeito simples

Perceba que, nas orações compostas de cada trecho, os verbos concordam com o sujeito em número e pessoa.

Esse é o princípio básico da concordância verbal na norma-padrão da língua. Há, entretanto, outros casos que devem ser comentados.

Concordância do verbo com o sujeito simples

- Quando o sujeito é representado por um **substantivo coletivo**, o verbo fica no singular:

A multidão **ouvia** atenta o discurso do presidente.
sujeito

- Quando o sujeito é um **pronome de tratamento**, o verbo fica na 3ª pessoa:

Sua Excelência, a presidente, **dará** uma entrevista logo mais.
sujeito

jamesonwu1972/Shutterstock

> Tsai Ing-wen, presidente de Taiwan (2023).

- Quando o sujeito é representado pelo pronome relativo **que**, o verbo concorda com o antecedente do pronome:

> Sempre sou eu que **faço** tudo no meu grupo de estudos.
> (sujeito: que)

- Quando o sujeito é representado pelo pronome relativo **quem**, o verbo fica na 3ª pessoa do singular ou concorda com a pessoa do antecedente do pronome:

> Fomos nós quem **trouxe** os CDs.
> (sujeito: quem)

> Fomos nós quem **trouxemos** os CDs.
> (sujeito: quem)

Concordância do verbo com o sujeito composto

- Quando o sujeito composto aparece anteposto ao verbo, este fica no plural:

> Filipe e Alexandre **são** gêmeos idênticos.
> (sujeito: Filipe e Alexandre)

- Quando o sujeito composto aparece posposto ao verbo, este concorda com o elemento mais próximo ou fica no plural:

> - **Corria**, no quintal, o cachorro, o gato e as galinhas.
>   (sujeito: o cachorro, o gato e as galinhas)
> - **Corriam**, no quintal, o cachorro, o gato e as galinhas.
>   (sujeito: o cachorro, o gato e as galinhas)

- Quando o sujeito composto é constituído por pessoas gramaticais diferentes, o verbo fica no plural. Se houver 1ª pessoa (eu, nós), ela prevalece sobre todas as outras; se houver 2ª pessoa (tu, vós), o verbo pode ficar na 2ª ou na 3ª pessoa do plural. Veja:

> - **Seremos** três no jantar: eu, tu e mamãe.
>   (sujeito: eu, tu e mamãe)
> - **Sereis** apenas dois no jantar: tu e mamãe.
>   (sujeito: tu e mamãe)
> - **Serão** apenas dois no jantar: tu e mamãe.
>   (sujeito: tu e mamãe)

Concordância, variação linguística e preconceito

Fala e escrita são modalidades diferentes da língua, e cada uma tem regras próprias, podendo variar conforme a finalidade e as situações de comunicação em que os textos, orais ou escritos, estão inseridos.

As regras de concordância verbal e nominal, conforme vimos, dizem respeito a uma convenção criada com base na variedade linguística usada pelas classes de maior prestígio socioeconômico, ou, ainda, encontrada em registros antigos e livros pertencentes ao cânone literário, cujas regras não contemplam nem mesmo a atual fala urbana de setores socioeconomicamente privilegiados. Portanto, é importante considerar que, geralmente na fala, existem outras formas de fazer concordância, que seguem regras diferentes das tradicionalmente impostas pela norma-padrão.

Há variedades que fazem a concordância, por exemplo, com base em uma regra de economia, flexionando apenas o primeiro termo da expressão nominal, enquanto a norma-padrão preza pela redundância, uma vez que valoriza a flexão de todos os termos. Veja:

- As mãe tudo buscou as criança pequena cedo hoje. (Apenas o termo **as** é pluralizado nas duas ocorrências, indicando que se trata de mais de uma mãe e mais de uma criança.)
- As mães todas buscaram as crianças pequenas cedo hoje. (Todos os termos que se referem aos nomes **mães** e **crianças** são pluralizados.)

O princípio da concordância está entre os aspectos mais frequentemente vistos de forma preconceituosa quando o falante não segue a norma-padrão. Muitas pessoas, sem base científica, associam as formas de concordar mais econômicas à deficiência intelectual, considerando-as erradas ou inaceitáveis. Uma observação mais atenta, porém, leva a constatar que esse tipo de construção ocorre na fala de um grande número de pessoas, menos ou mais escolarizadas, e de forma nenhuma está relacionado com inteligência ou capacidade de raciocínio.

Exercícios

1. Reescreva as frases a seguir, dando duas versões a elas: em uma, empregando o pronome relativo **que** como sujeito e o verbo indicado entre parênteses; em outra, empregando o pronome relativo **quem**. Quando houver mais de uma concordância possível, indique-as.

a) Podem deixar. Hoje sou eu que ______________________. (pagar)

Podem deixar. Hoje sou em quem ______________________. (pagar)

b) Pelo que sei, foram os noivos que os ______________________. (convidar)

Pelo que sei, foram os noivos quem os ______________________. (convidar)

2. Complete as frases a seguir, empregando o verbo entre parênteses no modo e no tempo adequados ao contexto. Veja o exemplo:

Amanhã, eu e você **acordaremos** cedo. (acordar)

a) Ontem, nós e eles ______________________ os assuntos de formatura. (resolver)

b) Eu e tu ______________________ de modo diferente. (pensar)

c) ______________________ a discussão o professor e o representante do 9º ano. (coordenar)

d) Se Vossa Excelência ________________ desse modo, eu ________________. (preferir — concordar)

e) Quem vai dar a boa notícia ______________________ eu. (ser)

Concordância do verbo de ligação ser

O verbo de ligação **ser** pode concordar com o sujeito ou com o predicativo:

As lágrimas **foram** apenas um desabafo.
(As lágrimas = sujeito; foram = VL)

As lágrimas **foi** apenas um desabafo.
(foi = VL; um desabafo = predicativo)

Quando o sujeito ou o predicativo se referem a ser humano ou são constituídos por pronome pessoal, a concordância do verbo **ser** se faz com a pessoa gramatical:

- Meu pai **é** muitas pessoas: o papai, para os filhos; o doutor Carlos, para os clientes; o Carlito, para os amigos.
  (Meu pai = sujeito; é = VL)
- A alegria dele **são** as crianças.
  (são = VL; as crianças = predicativo)
- A alegria dele **somos** nós.
  (somos = VL; nós = predicativo)

Quando indica tempo e distância, o verbo **ser** concorda com o predicativo. Nesse caso, ele é impessoal, isto é, não apresenta sujeito:

- Agora **é** meio-dia.
- **São** dezoito horas e quarenta minutos.
- Do chão ao teto, **são** cinco metros.
- De Araraquara a São Paulo, **são** 279 quilômetros.

Quality Stock Arts/Shutterstock

Casos especiais

Se como pronome apassivador

Os verbos **transitivos diretos**, quando apassivados pelo pronome **se**, concordam com o sujeito:

Consertam-se bules de estanho.
(Consertam = VTD; bules de estanho = sujeito)

Nesse caso, o sujeito do verbo transitivo direto **consertar** é **bules de estanho**.

Se passarmos essa frase para a voz passiva analítica, a concordância do verbo com o sujeito ficará bem clara:

Bules de estanho **são consertados**.
(Bules de estanho = sujeito)

Se como índice de indeterminação do sujeito

Os verbos **de ligação**, **intransitivos** e **transitivos indiretos**, quando seguidos do pronome **se** (índice de indeterminação do sujeito), ficam na 3ª pessoa do singular, porque seu sujeito é indeterminado:

Assistiu-se, numa mesma tarde, a dois belos filmes.

(Assistiu = VTI; se = índice de indeterminação do sujeito; a dois belos filmes = OI)

Se apassivador?

Em frases como a da faixa, a gramática normativa explica que a partícula **se** confere passividade ao verbo transitivo direto **doar**. De acordo com essa perspectiva, a frase equivaleria a "Gatinhos castrados são doados" e, sendo **gatinhos castrados** o sujeito, o verbo deveria concordar com essa expressão. Se o anunciante tivesse optado por empregar o verbo transitivo indireto **cuidar**, teria que usar a construção "Cuida-se de gatinhos castrados". Isso porque, quando o verbo é transitivo indireto, a partícula **se** indica indeterminação do sujeito.

Há pesquisadores renomados da área da Linguística, entre eles Ataliba de Castilho, Sírio Possenti e Marcos Bagno, que questionam essa visão. Para eles, a oração "Doa-se gatinhos castrados", na verdade, pode ser entendida como um caso de voz ativa, em que o pronome **se** indica que não se sabe quem é o sujeito. Por isso, segundo eles, não haveria por que seguir a regra de concordância imposta pela gramática normativa. Deveríamos usar a construção "Doa-se gatinhos", em vez de "Doam-se gatinhos".

dies-irae/Shutterstock

É importante lembrar, entretanto, que essa discussão por ora se restringe ao meio acadêmico, em estudos que analisam a língua tal como ela ocorre no dia a dia, e por isso ainda não está incorporada às regras da gramática normativa. Portanto, em provas, concursos e em situações formais, principalmente quando o texto é escrito, a recomendação é de que sejam seguidas as regras da norma-padrão.

Verbos impessoais

Os verbos impessoais, por não apresentarem sujeito, ficam na 3ª pessoa do singular. São impessoais:

- os verbos que indicam fenômenos da natureza:

Trovejou duas noites seguidas, mas não **choveu**.

- o verbo **haver** com o sentido de "existir":

Houve muitas brigas e reconciliações na família naquele período. (houve = existiram)

- os verbos **haver** e **fazer** quando indicam tempo:

- **Há** três anos que não visito meus avós.
- **Faz** dois dias que ela está com febre.

Atenção

Nas locuções verbais, o verbo **haver**, quando impessoal, transmite sua impessoalidade ao verbo auxiliar. Veja:

- **Há** pessoas esperando-o na varanda.
- **Deve haver** pessoas esperando-o na varanda.
- **Pode haver** pessoas esperando-o na varanda.

Exercícios

1. Considerando a concordância da norma-padrão, complete os textos a seguir com as formas **é** ou **são**.

a)

(Disponível em: https://www.facebook.com/tirinhasinteligentess/photos/a.3088213044581393/3398941150175246/?type=3&theater. Acesso em: 18/7/2023.)

b)

(Disponível em: https://www.tjdft.jus.br/institucional/imprensa/campanhas-e-produtos/direito-facil/edicao-semanal/brincar-e-se-divertir-sao-direitos-fundamentais-de-criancas-e-adolescentes. Acesso em: 18/7/2023.)

(Disponível em: https://www.tjdft.jus.br/institucional/imprensa/campanhas-e-produtos/direito-facil/edicao-semanal/venda-casada. Acesso em: 18/7/2023.)

c) **Qualquer coisa que brilhe**

__________ eternos esta oficina mecânica,
estes carros, a luz branca do sol.
Neste momento, especialmente neste,
a morte não ameaça, pois não existe.
Ainda que se mova, tudo __________ parado e vive,
num mundo bom onde se come errado,
delícia de marmitas de carboidrato e torresmos.
Como gosto disso, meu deus!
Que lugar perfeito!
Ainda que volta e meia alguém morra,
[__________ tudo muito
eterno,
só choramos por sermos condizentes.
Necessito pouco de tudo,
já __________ plena a vida,
[...]
sedenta de ouro esburaquei o chão
atrás do que brilhasse.
Pois o encontro agora escuro e fosco
no dia radioso __________ único e não cintila.
[...]
Vivo do que não __________ meu.
Toma pois minha vida
e não me prives mais
desta nova inocência que me infundes.

Biry Sarkis/Acervo da editora

(Adélia Prado. Disponível em: https://www.tudoepoema.com.br/adelia-prado-qualquer-coisa-que-brilhe/?print=pdf. Acesso em: 5/7/2023.)

2. Leia a seguir o trecho inicial da canção "Telefone", de Julio Barroso.

________ três horas da manhã, você me liga
Pra falar coisas que só a gente entende
________ três horas da manhã, você me chama
Com seu papo poesia me transcende

Oh, meu amor,
Isso ________ amor
[...]

(Disponível em: https://www.letras.mus.br/gang-90/46135/. Acesso em: 4/12/2019.)

Jean Galvão/Acervo da editora

a) Que formas verbais do verbo **ser**, no presente do indicativo, completam corretamente cada uma das lacunas dos versos?

b) Quais regras justificam a concordância do verbo **ser** nessas ocorrências?

____

____

____

c) Considerando o conteúdo dos versos, levante hipóteses: Por que o eu lírico chama de "amor" a relação que mantém com seu interlocutor?

____

____

____

3. Nas frases a seguir, substitua o verbo **haver** pelo verbo **fazer**, estabelecendo a concordância adequada. Veja o exemplo:

- **Há** um século que estou esperando você.
- **Faz** um século que estou esperando você.

a) Havia um mês que ele não dava notícias.

____

b) Ela saiu há apenas dez minutos.

____

c) Deve haver cinco anos que ele partiu para o exterior.

____

4. Leia o texto a seguir.

https://www.guiadoscuriosos.com.br/blog/bizarro/tudo-o-que-acontece-em-1-minuto/

TUDO O QUE ACONTECE EM 1 MINUTO

Em um minuto, muita coisa ______________. Às vezes nós não temos a noção exata de como o tempo passa rápido. [...]

O livro "**Cada Minuto na Terra**", dos norte-americanos Matthew Murrie e Steve Murrie, apresenta muitas coisas que ______________ no planeta a cada 60 segundos. Confira alguns exemplos:

[...]

Tik.tak/Shutterstock

Em 1 minuto, 27,4 metros de filme são rodados por um projetor de cinema.

A cada minuto, 237 celulares são jogados fora no mundo todo.

Mais de 76 mil downloads ilegais de músicas são feitos no mundo a cada minuto.

Um carro gasta 47,3 mililitros de gasolina por minuto enquanto está parado no trânsito.

Em 1 minuto, 21 mil pizzas são assadas no mundo e 6 754 quilos de chocolate são produzidos.

A escada rolante mais rápida que existe percorre o equivalente a 29,9 metros por minuto.

Em 1 minuto, 56.724 litros de ar são inalados pela baleia-azul.

A cada minuto, 358 bastões de batom são fabricados.

São produzidas 4.770 bolas de golfe ou 115 bolas de futebol (sem acabamento) por minuto.

(Adaptado de: https://www.guiadoscuriosos.com.br/blog/bizarro/tudo-o-que-acontece-em-1-minuto/. Acesso em: 5/7/2023.)

a) Complete as lacunas com as formas verbais do verbo **acontecer** mais adequadas, de acordo com as regras da norma-padrão. Justifique sua escolha.

____

____

b) Proponha uma reescrita para a primeira frase do segundo parágrafo, sem omitir nenhuma informação, seguindo as regras de concordância da norma-padrão e trocando o sujeito "O livro 'Cada Minuto na Terra'" por "os norte-americanos Matthew Murrie e Steve Murrie". Que alteração foi feita na forma verbal **apresenta**? Justifique sua resposta.

____

____

c) Compare a versão escrita por você no item **b** à versão original e troque ideias com os colegas e o professor: Que efeitos de sentido a alteração causa no texto?

____

____

d) Observe os exemplos de coisas que podem acontecer em um minuto dados pelo texto. Indique quais estão na voz ativa e quais estão na voz passiva.

____

____

e) Escolha duas frases entre os exemplos citados no texto, uma na voz ativa e outra na voz passiva, e troque a voz verbal. Fique atento para os casos nos quais o agente da ação verbal é explicitado e faça a concordância de acordo com as regras da norma-padrão.

____

____

____

____

____

5. Leia o anúncio a seguir.

6B Estúdio/DM9DDB

(Disponível em: https://exame.abril.com.br/marketing/kitchenaid-junta-movimentos-artisticos-e-culinaria-em-anuncios/. Acesso em: 5/7/2023.)

a) Preencha a lacuna do enunciado principal com o verbo **haver**, no presente.

________ 92 ANOS, CULINÁRIA É ARTE PARA NÓS.

b) Como ficaria a concordância, caso fosse empregado o verbo **fazer** em lugar de **haver**? ____________

A concordância NA CONSTRUÇÃO DO TEXTO

Leia o poema a seguir.

O baú

Como estranhas lembranças de outras vidas,
que outros viveram, num estranho mundo,
quantas coisas perdidas e esquecidas
no teu baú de espantos... Bem no fundo,

uma boneca toda estraçalhada!
(isto não são brinquedos de menino...
alguma coisa deve estar errada)
mas o teu coração em desatino

te traz de súbito uma ideia louca:
é ela, sim! Só pode ser aquela,
a jamais esquecida Bem-Amada.

E em vão tentas lembrar o nome dela...
e em vão ela te fita... e a sua boca
tenta sorrir-te mas está quebrada!

(Mário Quintana. *Nova antologia poética*. São Paulo: Globo, 2007. p. 109.)

Biry Sarkis/Acervo da editora

1. O eu lírico do poema menciona algumas lembranças. Levante hipóteses.

a) Ele fala de si próprio ou de outra pessoa?

____

____

____

____

b) Qual ação implícita no texto faz emergirem tais lembranças?

____

____

c) O agente das ações mencionadas no poema é adulto ou criança? Justifique sua resposta.

d) Qual é a relação do título do poema com o conteúdo dos versos?

e) Por que a expressão **Bem-Amada** foi escrita dessa forma, com hífen e iniciais maiúsculas?

2. Observe a métrica do poema. Se julgar conveniente, retome o estudo sobre versificação feito no primeiro capítulo deste livro.

a) O poema é formado por quatro estrofes. Conte os versos de cada uma delas e indique como elas são tradicionalmente denominadas.

b) Quantas sílabas poéticas há em cada verso? Qual é o nome dado aos versos com esse número de sílabas?

c) Como estão organizadas as rimas do poema?

d) Conclua: Que nome é dado aos poemas com essa forma, muito conhecida na poesia?

3. Releia a primeira frase do poema.

a) Reescreva-a, explicitando a forma verbal que há nela implícita e fazendo a conjugação segundo a norma-padrão:

- usando o verbo **haver**:

- usando o verbo **estar**: ____________________

____

____

b) Há sujeito nas frases escritas por você no item **a**? Em caso afirmativo, identifique-o.

____

____

____

c) Tendo em vista as regras de concordância da norma-padrão, justifique as conjugações feitas por você na reescrita no item **a**.

____

____

____

4. Releia o trecho que está entre parênteses na segunda estrofe.

> "isto não são brinquedos de menino... / alguma coisa deve estar errada."

a) Deduza: A quem se refere o termo **isto**?

____

____

____

____

____

b) Que efeito de sentido é construído no poema pelo uso do pronome demonstrativo em sua forma neutra?

____

____

____

____

____

____

Biry Sarkis/Acervo da editora

c) Explique como foi feita a concordância da forma verbal **são** no contexto.

Biry Sarkis/Acervo da editora

d) Levante hipóteses: Por que o eu lírico considera que não são "de menino" os brinquedos a que se refere?

e) Na sua opinião, existem brinquedos específicos de menino e de menina? Justifique sua resposta.

5. Observe os seguintes termos empregados no poema:

- no **teu** baú
- o **teu** coração
- o nome **dela**
- a **sua** boca

a) As formas em destaque estabelecem uma relação entre dois referentes. Quais são esses referentes, no contexto do poema, em cada uma das ocorrências?

b) Reescreva o 3º termo (**o nome dela**), empregando o pronome possessivo adequado, de acordo com o sentido do texto.

c) Troque ideias com os colegas e o professor e conclua: Como é feita a concordância do pronome possessivo?

6. Releia a última estrofe do poema.

a) Reescreva-a, supondo que o eu lírico se dirija a mais de uma pessoa utilizando a 2ª pessoa do plural e fale sobre duas bonecas. Faça sua reescrita considerando as regras da norma-padrão.

b) Compare a versão escrita por você no item **a** à versão original e comente as mudanças feitas, justificando-as.

7. Veja no quadro a seguir os adjetivos e particípios com função adjetiva empregados no poema.

estranhas	estranho	perdidas	esquecidas	estraçalhada
errada	louca	esquecida	quebrada	

a) Indique a quais palavras do poema cada um dos termos do quadro se refere.

b) Troque ideias com os colegas e o professor: No contexto do poema, os termos listados no quadro remetem a traços positivos ou negativos dos nomes aos quais se referem? Justifique sua resposta com base no efeito de sentido que essas formas adjetivas constroem no texto.

c) Explique como o sentido construído por essas formas adjetivas contribui para o leitor compreender a visão que o eu lírico tem sobre o passado.

SEMÂNTICA E DISCURSO

Leia o anúncio a seguir.

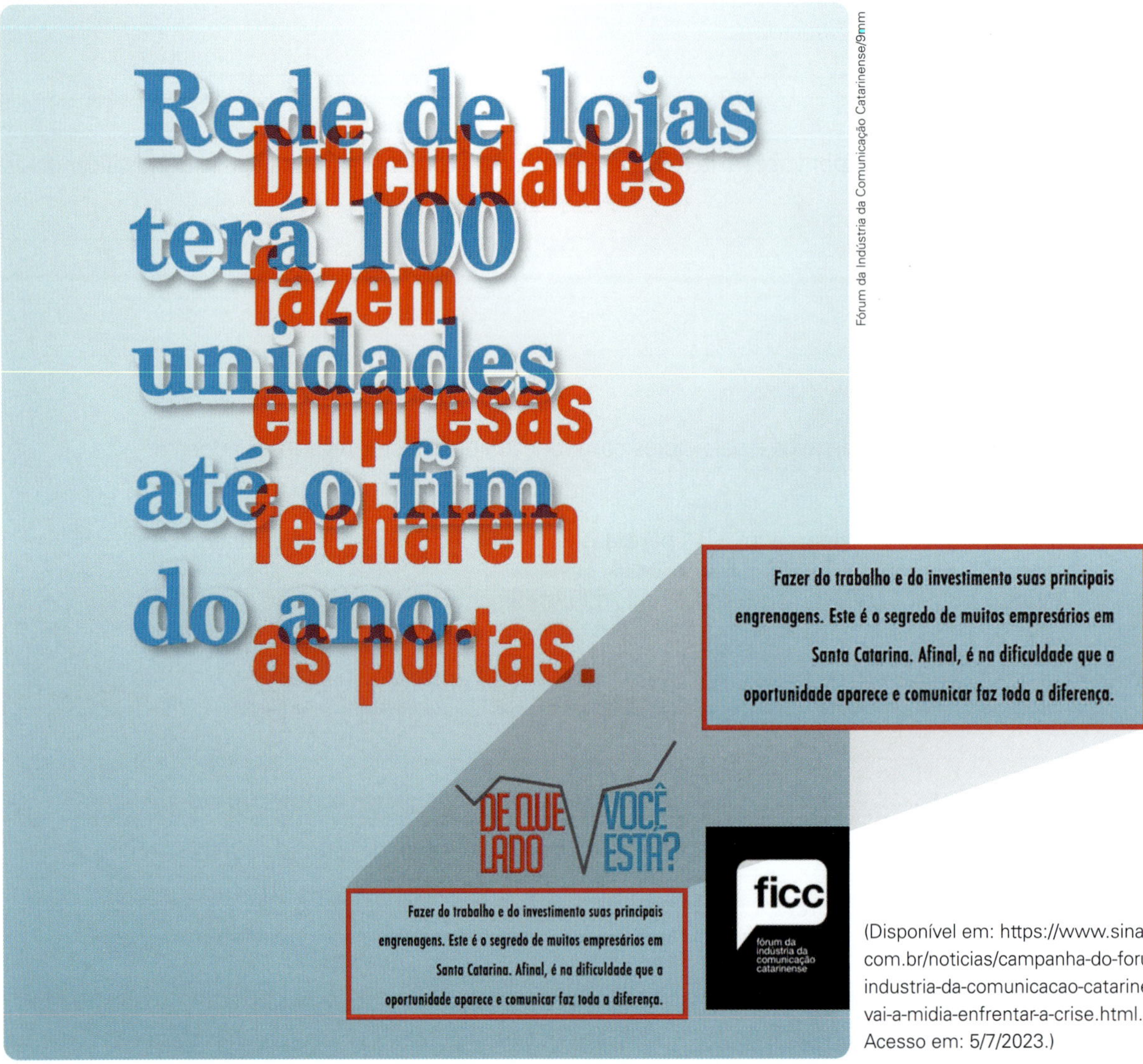

Fórum da Indústria da Comunicação Catarinense/9mm

(Disponível em: https://www.sinaprosc.com.br/noticias/campanha-do-forum-da-industria-da-comunicacao-catarinense-vai-a-midia-enfrentar-a-crise.html. Acesso em: 5/7/2023.)

1. Imagine a situação de comunicação na qual esse texto circulou e deduza justificando suas respostas com elementos do texto:

a) Quem é o responsável pelo anúncio?

____

____

b) A quem ele se dirige?

____

____

c) Qual é a sua finalidade principal?

2. Observe o texto central do anúncio.

a) Quantas frases o compõem? Quais são elas?

b) Que recursos não verbais diferenciam essas frases entre si?

3. Releia a frase logo abaixo do texto central, escrita em letras maiúsculas.

a) Deduza: A quais "lados" ele se refere?

Rafael Tomazi/Shutterstock

> Comércio da cidade de Blumenau, Santa Catarina (2015).

b) Explique a relação existente entre as cores das letras, o traço cinza e o texto central do anúncio.

c) Conclua: Qual é a relação desses elementos com a finalidade do texto?

4. Agora, releia o trecho inferior, escrito em letras menores.

a) Una as duas primeiras frases desse trecho em uma única frase, fazendo o mínimo possível de alterações.

b) Explique como se deu a concordância da forma verbal **é** na frase escrita por você no item **a**.

c) Explique como foi feita a concordância nominal da forma **suas** no trecho.

5. Releia a última oração do texto: "comunicar faz toda a diferença."

a) Explique como foi feita a concordância verbal nessa oração.

b) Reescreva-a, substituindo o artigo **a** por outra palavra e procurando manter o sentido da oração original.

c) Compare a sua redação com a redação original e conclua: Que efeito de sentido o emprego do artigo **a** depois do pronome **toda** constrói no anúncio?

d) Entre as frases a seguir, indique aquela em que o artigo **a** ou o artigo **o** tem significado equivalente ao indicado por você no item **c**.

- [ ] Não posso ficar todo o dia.
- [ ] Sua resposta faz todo o sentido.
- [ ] Ela fez toda a festa sozinha.
- [ ] Convidei toda a turma para meu aniversário.

6. Leia a seguir um trecho da letra da canção "A cada vento", de Emicida.

[...]
Vários trocou sorriso por dim, hoje tão vagando nas
[multidão
Sem rosto, na boca o gosto da frustração
To disposto a trazer a cor dessa ilustração
No meu posto, dedico o tempo por fração
Pra no fim não levar comigo interrogação
Ação sem câmera, só luz pra conduzir
Sinceridade pra sentir a alma reluzir
Os inimigo não vai me alcançar, não vai me pegar, não
[vai me tocar
Nem me ofender, eles não pode me enxergar quem
[dirá me entender
Eu sei que cada orixá vai me proteger
Pq minhas rima são oração de coração
Homenagem a quem volta cansado dentro dos busão
Então, sucesso na missão parceiro
[...]

(Disponível em: https://www.letras.mus.br/emicida/1276535/. Acesso em: 5/7/2023.)

ZUMA Press/Alamy/Fotoarena

› Emicida cantando durante um *show* em São Paulo (2022).

a) Descreva e explique como foram feitas as concordâncias verbal e nominal dos termos em destaque no verso "vários **trocou** sorriso por dim, hoje **tão** vagando nas **multidão**".

b) Identifique outros versos nos quais a concordância segue o mesmo padrão dos trechos "vários trocou sorriso por dim" e "nas multidão".

c) Troque ideias com os colegas e o professor e, levando em conta a construção da letra, deduza: Por que a concordância foi feita dessa forma na canção?

PARA FALAR E ESCREVER COM adequação

Verbos anômalos, defectivos e abundantes

Verbos anômalos

Leia, a seguir, um trecho de um texto de Antonio Prata:

O microplástico é um problema sério. Com a passagem do tempo, todos esses cacarecos vão esfarelando, aí a gente os come e os respira, trazendo pro corpo um monte de substâncias cancerígenas. Acharam microplástico no Ártico, na placenta, no leite materno e no mecônio (aquele primeiro cocô do bebê). O atrito dos pneus com o solo faz com que trilhões de partículas sejam lançadas ao ar, todo dia, toda hora. Até as roupas sintéticas que a gente usa (e hoje quase todas são) soltam micro fiapos que acabam indo agasalhar nossos alvéolos.

(Disponível em: https://www1.folha.uol.com.br/colunas/antonioprata/2023/07/para-baixo-e-avante.shtml. Acesso em: 18/7/2023.)

Kuttelvaserova Stuchelova/Shutterstock

> Microplásticos encontrados em amostra de solo contaminado.

1. O trecho aborda uma questão do mundo atual, a presença de microplásticos em elementos e meios diversos.

a) Que expressão o autor utiliza para definir essa questão? Essa expressão tem uma conotação positiva ou negativa?

____

____

b) Algumas expressões utilizadas pelo autor dão um ar descontraído ao trecho. Indique, entre as alternativas a seguir, quais são essas expressões:

- [ ] passagem do tempo
- [ ] esses cacarecos
- [ ] substâncias cancerígenas
- [ ] primeiro cocô do bebê
- [ ] trilhões de partículas
- [ ] roupas sintéticas
- [ ] agasalhar nossos alvéolos

2. Observe as formas verbais **é**, **vão**, **sejam**, **são** e **indo**, empregadas no texto. A que verbos cada uma delas pertence?

3. Escreva os verbos a seguir na 3ª pessoa do singular nos tempos presente, pretérito perfeito e futuro do presente do indicativo.

a) ser: ______ b) ir: ______

4. Compare as formas verbais solicitadas na questão anterior.

a) As formas verbais de **ser** têm o mesmo radical que o verbo no infinitivo?

b) E as formas verbais de **ir**? Elas têm o mesmo radical que o verbo no infinitivo?

Você já aprendeu que são chamados irregulares os verbos que, ao serem conjugados, apresentam variações no radical. Por exemplo: **poder** — se eu puder. Ao responder às questões anteriores, você pôde observar que os verbos **ser** e **ir** apresentam variações profundas no radical. Esses verbos são chamados **anômalos**.

Verbos defectivos

Leia a tira a seguir e responda às questões 1 a 3.

(Disponível em: http://www.willtirando.com.br/um-dia-eu-explodo/. Acesso em: 18/7/2023.)

1. Na tira, um dos personagens afirma que vai explodir.

a) Ele está tranquilo ou nervoso? Justifique sua resposta com base em elementos verbais e não verbais da tira.

b) Quem é esse personagem e quem são seus interlocutores?

c) Que sentimento essa fala desperta no interlocutor que responde no último quadrinho?

2. Suponha que esse mesmo diálogo ocorresse entre duas pessoas.

a) Seria uma conversa típica de um contexto de menor ou maior formalidade? Justifique sua resposta.

b) Nesse novo contexto, algumas expressões que na tira são exploradas de forma ambígua teriam necessariamente um único sentido. Identifique-as e explique por que haveria essa mudança na leitura.

c) Considerando suas respostas anteriores, conclua: Como se dá a construção do efeito de humor da tira?

3. No 3º quadrinho, foi empregada a forma verbal **explodo**.

a) Em que tempo e modo verbais essa forma está?

b) Essa forma soa estranha, na sua opinião? Você já empregou ou já viu alguém empregar essa forma verbal?

4. O emprego de alguns verbos no presente do indicativo pode causar dúvidas.

a) Se você precisasse empregar os verbos **colorir**, **reaver** ou **precaver-se** na 1ª pessoa do presente do indicativo, que forma daria a eles? Escreva frases empregando essas formas verbais da maneira como você acha que elas devem ser. Quando terminar, compare suas respostas com as dos colegas.

b) Escreva frases empregando os verbos **colorir**, **reaver** e **precaver-se** na 1ª pessoa do pretérito perfeito do indicativo. Compare suas frases com as dos colegas.

CONTRAPONTO

Em língua portuguesa, muitos verbos tornaram-se defectivos pela falta de uso de algumas formas em determinadas pessoas, modos e tempos. Por exemplo, geralmente se estranha o emprego do verbo **reaver** no presente do indicativo. Caso quiséssemos empregar esse verbo no presente do indicativo, como seria? Eu "reavo"? Eu "reavejo"? Por não haver o uso, a gramática normativa considera inadequado.

Apesar disso, também há o movimento inverso: determinada forma verbal antes tida como incorreta pela norma-padrão pode alterar as regras gramaticais. Por exemplo, os verbos **adequar-se** e **explodir**, ainda considerados defectivos pela maior parte das gramáticas, já constam no *Dicionário Houaiss da língua portuguesa* como não defectivos. Logo, segundo esse dicionário, é adequado dizer, em variedades de acordo com a norma-padrão, "eu me adéquo à situação" ou "eu explodo em gargalhadas". Já o *Dicionário escolar da língua portuguesa*, da Academia Brasileira de Letras, de 2008, recomenda as formas do verbo **adequar** com a tonicidade recaindo sobre a letra **u**. Quanto ao verbo **explodir**, registra "expludo", possibilidade aceita por alguns gramáticos para a 1ª pessoa do presente do indicativo.

Ao responder às questões anteriores, você notou que existem verbos que não apresentam algumas formas, relativas a determinado tempo, modo ou pessoa. Esse tipo de verbo é chamado de **defectivo**, palavra que significa "imperfeito, defeituoso".

Verbos defectivos são aqueles que, na sua conjugação, não apresentam todas as formas verbais.

Na maioria dos casos, a defectividade verbal é devida à tradição, à eufonia ou à significação. São considerados defectivos também os verbos que designam vozes de animais, como **zurrar**, **cacarejar**, **latir**, **miar**, empregados apenas na 3ª pessoa, em virtude de sua significação.

Verbos abundantes

Leia este poema, de Manoel de Barros, e responda às questões 1 a 3:

Autorretrato falado

Venho de um Cuiabá garimpo e de ruelas entortadas.
Meu pai teve uma venda de bananas no Beco da Marinha, onde nasci.
Me criei no Pantanal de Corumbá, entre bichos do chão, pessoas humildes, aves, árvores e rios.
Aprecio viver em lugares decadentes por gosto de estar entre pedras e lagartos.
Fazer o desprezível ser prezado é coisa que me apraz.
Já publiquei 10 livros de poesia; ao publicá-los me sinto como que desonrado e fujo para o Pantanal onde sou abençoado a garças.
Me procurei a vida inteira e não me achei — pelo que fui salvo.
Descobri que todos os caminhos levam à ignorância.
Não fui para a sarjeta porque herdei uma fazenda de gado. Os bois me recriam.
Agora eu sou tão ocaso!
Estou na categoria de sofrer do moral, porque só faço coisas inúteis.
No meu morrer tem uma dor de árvore.

(*Meu quintal é maior do que o mundo.* Antologia. Rio de Janeiro: Objetiva, 2015. p. 72.)

Jean Galvão/Acervo da editora

1. O título do poema é "Autorretrato falado".

a) O que é um autorretrato?

____

____

b) Explique o título do poema.

____

____

2. Releia o seguinte verso do poema:

> "Me procurei a vida inteira e não me achei — pelo que fui salvo."

a) Em que voz está a oração "pelo que fui salvo"?

____

b) Qual é o verbo auxiliar?

____

c) Em que forma nominal (infinitivo, particípio ou gerúndio) está o verbo principal?

____

3. Compare estas orações:

- "pelo que fui salvo"
- Ela tinha me salvado.

Que mudança você nota em relação ao particípio do verbo **salvar** e ao verbo auxiliar empregado?

____

____

4. Tomando como referência o princípio que você deduziu na questão anterior, complete as frases, empregando os verbos indicados entre parênteses no particípio:

a) Baleias encalhadas foram ______________ pelos cientistas. (salvar)

b) O filhote de baleia foi ______________ pelo pescador. (pegar)

c) Os animais recuperados foram ______________ aos especialistas em biologia marinha. (entregar)

d) Os filhotes são ______________ carinhosamente pelas mães. (aceitar)

e) A esta hora, pensei que você já tivesse ______________ seu filho na escola. (pegar)

f) Nós já tínhamos ______________ o trabalho. (entregar)

g) Se você tivesse ______________ a oferta de emprego, estaria melhor agora. (aceitar)

5. Como conclusão a respeito do emprego de verbos que apresentam duplo particípio, responda:

a) Que forma é empregada quando o verbo auxiliar é **ter**?

____

b) E quando o verbo auxiliar é **ser**?

Ao responder às questões anteriores, você notou que alguns verbos apresentam formas equivalentes, como **pego** e **pegado**, **entregue** e **entregado**, **aceito** e **aceitado**. Os verbos desse tipo são chamados abundantes.

Verbos abundantes são aqueles que apresentam duas ou mais formas equivalentes: **havemos** e **hemos**, **entopem** e **entupem**, **expulsado** e **expulso**.

Geralmente, a abundância ocorre no **particípio**: uma forma é regular, terminada em **-ado** (1ª conjugação) ou **-ido** (2ª e 3ª conjugações), e a outra é irregular, proveniente do latim ou de nome que passou a ter aplicação como verbo.

Eis uma relação dos verbos de duplo particípio usados com mais frequência, bem como seus contextos de uso indicados pelas letras a. (voz ativa) e p. (voz passiva):

Infinitivo	Particípio regular	Particípio irregular
aceitar	aceitado (a.; p.)	aceito (p.), aceite (p.)
acender	acendido (a.; p.)	aceso (p.)
eleger	elegido (a.; p.)	eleito (a.; p.)
entregar	entregado (a.; p.)	entregue (p.)
enxugar	enxugado (a.; p.)	enxuto (p.)
expressar	expressado (a.; p.)	expresso (p.)
expulsar	expulsado (a.; p.)	expulso (p.)
ganhar	ganhado (a.; p.)	ganho (a.; p.)
gastar	gastado (a.)	gasto (a.; p.)
isentar	isentado (a.)	isento (p.)
juntar	juntado (a.; p.)	junto (a.; p.)
matar	matado (a.)	morto (a.; p.)
pagar	pagado (a.)	pago (a.; p.)
pegar	pegado (a.; p.)	pego (a.; p.)
salvar	salvado (a.; p.)	salvo (a.; p.)

Geralmente se emprega o particípio regular quando o verbo auxiliar é **ter** ou **haver**; e o particípio irregular quando o auxiliar é **ser** ou **estar**. No entanto, como se vê no quadro, há casos em que a forma irregular também pode ser empregada com os verbos **ter** e **haver**.

Exercícios

1. Leia o cartum a seguir.

(Disponível em: http://www.arionaurocartuns.com.br/2018/08/charge-poluicao-praia.html. Acesso em: 18/7/2023.)

a) Complete a fala do personagem da direita com a forma adequada do verbo **vir**.

b) Comente com os colegas e o professor a crítica social contida no cartum.

2. Leia, a seguir, algumas curiosidades sobre o planeta Terra e complete as lacunas com as formas adequadas do verbo **ser**.

1. A Terra se formou entre 5,6 bilhões e 4,5 bilhões de anos atrás. Os geólogos distinguem a história na Terra em eras, que _____ divididas em períodos.

[...]

3. A forma de vida mais primitiva de vida iniciou-se no período pré-cambriano, há cerca de 3 bilhões de anos. Os primeiros animais a aparecerem no planeta _____ os celenterados e _____ uma espécie semelhante às medusas e águas-vivas que conhecemos hoje. Eles surgiram entre 600 milhões e 570 milhões de anos, nos oceanos. Leves e sem ossos, _____ moles como gelatina e incapazes de se locomover sozinhos. _____ transportados pelas correntes marítimas.

> Ilustração que representa o nascer do sol no planeta Terra visto do espaço.

4. A Terra ______________ o único planeta do Sistema Solar que não ______________ batizado em homenagem a um deus romano. Em latim, "terra" significa "solo, região, país". Uma das versões para a razão da escolha do nome do nosso planeta ______________ escrita pelo grego Hesíodo no canto "Tegonia". Segundo ele, Terra ______________ uma das quatro divindades originárias, nascida após Kaos e antes de Tártaro e Eros. A divindade Terra estava ligada ao solo, chão. Por isso, o nome.

[...]

7. A humanidade costumava acreditar que a Terra ______________ o centro do universo. Como daqui nós conseguimos perceber o movimento do Sol e dos outros planetas, pensava-se que a Terra ______________ um planeta estático, que guiava a órbita dos outros astros. Isso até Copérnico propor, em 1514, que o Sol ______________ o centro do universo.

[...]

(Disponível em: https://www.guiadoscuriosos.com.br/ciencia-e-saude/universo/astros-e-estrelas/planetas/terra/10-curiosidades-sobre-o-planeta-terra/. Acesso em: 18/7/2024.)

Reaver e precaver-se

Os verbos **reaver** e **precaver-se** são defectivos, isto é, não apresentam algumas formas verbais. Para saber se existe ou não determinada forma desses verbos, é simples: só existem as formas correspondentes àquelas do verbo **haver** nas quais é empregada a letra **v**.

Vejamos, por exemplo, a conjugação de **haver** no presente do indicativo: eu hei, tu hás, ele há, nós havemos, vós haveis, eles hão. Assim, no presente do indicativo, o verbo **reaver** apresenta apenas as formas **reavemos** e **reaveis**, e o verbo **precaver-se**, as formas **nos precavemos** e **vos precaveis**.

3. Complete as frases a seguir de acordo com a norma-padrão, empregando no pretérito perfeito e no presente do indicativo, respectivamente, os verbos defectivos indicados entre parênteses. No presente do indicativo, levante hipóteses sobre a possibilidade de empregar outros verbos ou expressões com sentido equivalente ao dos verbos indicados.

a) Adoro livros de colorir. Ontem mesmo ____________ um inteiro. Eu ____________ sempre esses livros. (colorir).

b) Eu já ____________ os doces de minha dieta para tentar emagrecer. Hoje em dia não ____________ mais, não gosto de dietas radicais. (abolir)

c) Eu me ____________ de prejuízos ao contratar uma assessoria para minha empresa, pois já ____________ duas vezes no passado. Eu não ____________ mais. (precaver/falir/falir).

d) Quando jovem, eu não me ____________ às novas exigências da empresa. Hoje, me ____________ com mais facilidade. (adequar)

e) Quando fui assaltada, há dez anos, eu ____________ tudo o que me levaram em poucos meses. Hoje não ____________ facilmente, está tudo muito caro. (reaver)

4. Empregue os particípios regulares ou irregulares indicados entre parênteses, de acordo com a norma-padrão. Para empregar a forma adequada, lembre-se de observar qual é o verbo auxiliar.

a) Ele foi ____________ da festa, pois queria arrumar briga. (expulso/expulsado)

b) Eu teria ____________ todos da loja se eu fosse a gerente. (expulso/expulsado)

c) Ele foi ____________ em flagrante ao tentar trapacear no jogo. (pego/pegado)

d) Nós tínhamos ____________ tudo de que precisaríamos para a viagem, mas esquecemos uma parte em casa. (pego/pegado)

e) Eu já tinha ____________ o fogo da churrasqueira antes, mas ele apagou. (aceso/acendido)

f) A luz de emergência foi ____________ logo que a energia foi cortada. (aceso/acendido)

g) Eles já tinham ____________ todo o material de divulgação quando o evento foi cancelado. (impresso/imprimido)

h) O texto já estava ____________ quando tive a ideia de melhorá-lo. (impresso/imprimido)

DIVIRTA-SE

— Certos povos mais antigos têm línguas complicadas, como os alemões e os coreanenses. Aqui no Brasil, onde somos mais novos, a coisa é simple. Letra S no final de uma palavra significa que ela não está no singular. Como é o nosso caso. Nós chamamos Régis, somos um cara plural.

Não aguentei. Levantei e fui embora. Um Régi, dois Régis!?! Nessas ocasiãos, o melhor a fazer é ficar quieto e nos recolhermos às nossas insignificâncias.

Depois dessa, decidi voltar a estudar o portuguê.

(Kledir Ramil. *Crônicas para ler na escola*. Rio de Janeiro: Editora Objetiva, 2014.)

CAPÍTULO 9

Regência verbal e regência nominal

Construindo o conceito

Leia o texto a seguir.

(Disponível em: https://caxias.rs.gov.br/noticias/2021/12/coordenaria-promove-campanha-mochila-solidaria. Acesso em: 18/7/2023.)

1. O texto lido foi veiculado em uma campanha.

a) Qual é a principal finalidade do texto?

b) A quem o texto se dirige?

c) Explique a relação entre as partes verbal e não verbal do texto.

2. Releia este trecho:

"O ano letivo vai começar! Adote um estudante."

a) Deduza: Qual é a função do ponto de exclamação nesse contexto?

b) Os tempos nos quais foram conjugadas as formas verbais **vai começar** e **adote** contêm em si, respectivamente, os sentidos de:

- [ ] acontecimento passado e ordem direta, autoritária.
- [ ] acontecimento presente e pedido, súplica.
- [ ] acontecimento futuro e proposta, sugestão.

c) A quem se dirige a forma verbal **adote**? Identifique o termo que a completa e conclua: Esse termo se liga a ela de forma direta ou por meio de outra palavra?

d) Troque ideias com os colegas e o professor e levante hipóteses: Qual é o sentido da forma verbal **adote** no contexto?

3. Compare os textos verbais das duas laterais:

- "Doação de materiais escolares"
- "O que doar? Lápis e canetas, cadernos, mochilas, tesouras, estojos."

a) Há duas palavras nesses textos que são da mesma família, isto é, têm o mesmo radical. Identifique-as e dê sua classificação morfológica.

____

b) Quais são os termos que completam, no texto em estudo, os sentidos das palavras identificadas por você no item **a**?

____

____

c) Qual das palavras indicadas por você no item **a** se conecta diretamente a seus complementos, e qual precisa de outra palavra para estabelecer essa conexão?

____

____

Conceituando

Na expressão "Doação de materiais escolares", o nome **doação** é complementado por outro termo: **materiais escolares**. A palavra **de** é uma preposição que faz a conexão entre esses dois termos. Já na oração "Adote um estudante.", a forma verbal **adote** é completada pelo termo **um estudante**, sem a necessidade de outra palavra para fazer essa conexão.

O termo — verbo ou nome — que é complementado por outro chama-se **regente** ou **subordinante**, e os termos que completam sua significação chamam-se **regidos** ou **subordinados**.

Veja:

nome (substantivo)	
Doação	de materiais escolares.
termo regente	termo regido

verbo	
Adote	um estudante.
termo regente	termo regido

Quando o termo regente é um verbo, ocorre a **regência verbal**.

Quando o termo regente é um nome — substantivo, adjetivo ou advérbio —, ocorre a **regência nominal**.

A regência verbal

Há verbos que admitem mais de uma regência. Leia os textos a seguir.

Texto 1

(*Folha de S.Paulo*, 22/7/2011.)

Texto 2

[...]

Para nós, a terra é o chão, onde se pisa, ou ainda uma propriedade que nos pertence. Já na visão indígena, os humanos é que pertencem à terra. Ela é uma extensão dos seus corpos.

O significado amplo implica um limite físico: a terra indígena é aquela que contorna um povo. [...]

(Ana Carolina Amaral. Disponível em: https://www1.folha.uol.com.br/ambiente/2023/06/para-o-indigena-a-terra-e-uma-extensao-do-corpo.shtml. Acesso em: 14/7/2023.)

1. O texto 1 constrói humor ao modificar a história original da Chapeuzinho Vermelho.

a) Que modificação é essa e por que ela ocorreu?

______

______

b) Qual é a consequência dessa modificação?

______

______

2. O texto 2 compara duas formas diferentes de ver a terra.

a) Deduza: De quem são essas duas perspectivas?

______

______

b) Qual é a perspectiva da autora? Justifique sua resposta com termos do texto.

____

____

____

3. O verbo **implicar** foi usado nos dois textos. Observe alguns dos possíveis sentidos desse verbo:

1 envolver (alguém ou a si mesmo) em complicação, embaraço; comprometer(-se), envolver(-se)

2 causar ou sentir confusão; confundir, embaraçar, enredar

3 ter como consequência, acarretar; originar

4 demonstrar antipatia ou prevenção contra; hostilizar

a) Considerando o conteúdo dos textos em estudo, conclua: Com qual desses sentidos a forma verbal **implica** foi usada em cada um deles?

____

b) Escolha um dos outros sentidos e escreva uma frase em que essa mesma forma verbal possa ser utilizada.

____

Ao responder às questões anteriores, você viu que no texto 1 o verbo **implicar** foi empregado com o sentido de "ter implicância, mostrar antipatia" e, nesse caso, é transitivo indireto. Já no texto 2, significa "ter como consequência, acarretar" e, com esse sentido, é transitivo direto. Em uma frase como "Os professores implicaram-se no sucesso dos alunos.", esse mesmo verbo significa "comprometer-se, envolver-se", e é transitivo direto e indireto.

Essas diferenças de sentido e de regência constam dos dicionários e estão de acordo com as prescrições da gramática normativa. Apesar disso, não é raro lermos ou ouvirmos construções como a da seguinte manchete de jornal:

Divulgação de notícia falsa implica em multa de até R$ 10 mil no Amazonas

(Disponível em: https://amazonasatual.com.br/divulgacao-de-noticia-falsa-implica-em-multa-de-ate-r-10-mil-no-amazonas/. Acesso em: 18/7/2023.)

Nessa manchete, e em muitas outras ocasiões, o verbo **implicar** é empregado como transitivo indireto com o sentido de "acarretar, envolver", o que mostra que a língua está em constante evolução e que as regências de uma mesma palavra podem mudar com o tempo. Essas mudanças podem causar, muitas vezes, um distanciamento entre o uso corrente do português brasileiro e as regras fixas e prescritivas da norma-padrão.

Quando houver dúvida e for desejável seguir a norma, convém consultar dicionários comuns ou especializados em regência. Apresentamos, a seguir, a regência de alguns verbos segundo a norma-padrão e, para fins de comparação, algumas formas de uso corrente.

Verbo	Regência/ Preposição	Sentido(s) — Usos — Exemplos
assistir	VTD	• acompanhar, prestar assistência: Os médicos assistiram o acidentado.
	VTI (a)	• ver, presenciar: Ontem assistimos **a** um clássico do cinema. Entretanto, o uso corrente é este: Ontem assistimos um clássico do cinema.
	VTI (em)	• residir, morar: Meu tio atualmente assiste **em** Fortaleza.
chegar e ir	VI	• lugar: Chegou **à** casa da infância. Chegou **a** Brasília ontem. Vou **ao** centro da cidade. Entretanto, o uso corrente varia: Chegou **na** casa da infância. Chegou **em** Brasília ontem. Vou **no** centro da cidade. Vou **para** o centro da cidade.
esquecer/ esquecer-se e lembrar/ lembrar-se	VTD e VTI (de)	• não reter/reter na memória (são transitivos diretos quando não pronominais e transitivos indiretos quando pronominais): Esqueci o compromisso. Lembrou que havia reunião. Esqueci-me **do** compromisso. Lembrou-se **de** que havia reunião. Entretanto, o uso corrente varia: Esqueci(-me)/Lembrei(-me) **do** compromisso. Esqueci/Lembrei o compromisso. Esqueceu(-se)/Lembrou(-se) **de** ligar para a mãe. Esqueceu-se/Lembrou-se (**de**) que havia reunião.
obedecer e desobedecer	VTI (a)	• fazer/não fazer o que é ordenado: Sempre obedece **ao** pai. Entretanto, o uso corrente é este: Sempre desobedece **o** pai.
preferir	VTDI (a)	Prefiro felicidade **a** dinheiro. Prefiro ter felicidade **a** ter dinheiro. Entretanto, o uso corrente é este: Prefiro felicidade **do** que dinheiro. Prefiro ter felicidade **do** que (ter) dinheiro.

Verbo	Regência/ Preposição	Sentido(s) — Usos — Exemplos
simpatizar e antipatizar	VTI (com)	• ter simpatia ou antipatia: Eu simpatizo **com** o seu projeto. Ela antipatizou **com** ele desde a primeira vez que o viu.
visar	VTD	• mirar: O atirador visou o alvo, mas não acertou. • pôr visto: Não posso viajar, pois não visei o passaporte.
	VTI (a)	• ter como objetivo, pretender: Está se aperfeiçoando, porque visa **a** uma promoção. Entretanto, o uso corrente é este: Está se aperfeiçoando, porque visa (**a**) uma promoção.

CONTRAPONTO

A rigor, a gramática normativa recusa a preposição **em** na regência dos verbos **ir** e **chegar** quando indicam direção. No entanto, a forma mais típica da linguagem dos brasileiros, mesmo entre os que dominam a norma-padrão, é dizer "Cheguei **em** casa tarde ontem", ou "Hoje vou **no** cinema", em vez de "Cheguei **a** casa tarde ontem" e "Hoje vou **ao** cinema", construções que são habituais entre os portugueses.

Alguns linguistas entendem que essa regra da gramática normativa contraria uma tendência natural da língua, uma vez que no latim a preposição **in** (hoje, **em**) é utilizada para dar ideia de movimento, direção.

Atenção: Em situações formais em que o uso da norma-padrão está sendo avaliado, deve-se atender ao que recomenda a gramática normativa.

Exercícios

Leia estas manchetes de jornal:

Experiência com primeiro jogador daltônico no futsal brasileiro inspira liga a assistir condição

(Disponível em: https://www.estadao.com.br/esportes/experiencia-com-primeiro-jogador-daltonico-no-futsal-inspira-ligas-a-assistir-esta-condicao/. Acesso em: 18/7/2023.)

Um entre quatro brasileiros assiste a vídeos ou ouve áudios em velocidade avançada

(Disponível em: https://oglobo.globo.com/blogs/ancelmo-gois/post/2023/06/um-entre-quatro-brasileiros-assiste-a-videos-ou-ouve-audios-em-velocidade-avancada.ghtml. Acesso em: 18/7/2023.)

Em Abaetetuba, Programa 'Recomeçar' assiste famílias com auxílio econômico

(Disponível em: https://agenciapara.com.br/noticia/41832/em-abaetetuba-programa-recomecar-assiste-familias-com-auxilio-economico. Acesso em: 18/7/2023.)

Geração Z assiste mais animes que qualquer outra geração

(Disponível em: https://www.legiaodosherois.com.br/2023/geracao-z-assiste-mais-animes-qualquer-geracao.html. Acesso em: 18/7/2023.)

1. Nas quatro manchetes, foi utilizado o verbo **assistir**. Observe o sentido e a regência desse verbo em cada uma das situações e responda:

a) O sentido do verbo é o mesmo nas quatro situações? Justifique sua resposta.

____

____

b) Quanto à regência do verbo, ela foi empregada de forma semelhante nos quatro casos?

____

____

2. Agora, leia as tiras a seguir.

(Bill Watterson. *O progresso científico deu "tilt"*. São Paulo: Best, 1991. v. 1, p. 13.)

(*Folha de S.Paulo*, 27/3/2018.)

Observe o emprego do verbo **assistir** nas tiras.

a) Ele apresenta o mesmo sentido nas duas situações?

b) Com qual regência ele foi empregado nesses textos?

c) A regência está de acordo com a norma-padrão? Justifique sua resposta.

3. Compare os usos do verbo **assistir** nas manchetes de jornal e nas tiras analisadas nas questões 1 e 2. Depois, troque ideias com os colegas e o professor e responda:

a) O que se pode concluir dos contextos de uso e do emprego do verbo **assistir** com sentido de **ver** no português brasileiro?

b) É possível dizer que as regras da gramática normativa, quanto à regência verbal, baseiam-se nas formas verbais usadas pelos falantes do português brasileiro? Justifique sua resposta.

CONTRAPONTO

Há uma máxima que os linguistas vivem dizendo: "Aquilo que hoje é considerado desvio da norma-padrão poderá ser a regra amanhã". Em outras palavras, por força do uso, muitas formas rejeitadas em uma época tornam-se a forma mais recomendada pelos gramáticos em outro momento histórico. No Brasil, isso já está visivelmente ocorrendo com a regência de três verbos: **assistir**, **visar** e **aspirar**.

Tanto na linguagem oral do dia a dia quanto na linguagem escrita de alguns jornais e revistas, não é raro encontrarmos construções como "assistiu o filme", "visava o cargo de presidente" e "a vida que aspiramos". Por força do uso, alguns dicionários e gramáticas começam a aceitar construções como essas. É o caso, por exemplo, do *Dicionário Houaiss da língua portuguesa*, em que consta:

visar: *t.d. e t.i.* [...] fig. ter (algo) como desígnio, ter por fim ou objetivo; mirar (a), propor-se < **estas providências visam solucionar o problema** > < **os pais visam o bem dos filhos** > [...]

aspirar: *t.d. e t.i.* desejar profundamente; almejar, pretender, querer < **nunca aspirou um emprego público** > < **todos aspiravam à liberdade** >

Atenção: Em situações formais em que o uso da norma-padrão está sendo avaliado, deve-se atender ao que recomenda a gramática normativa.

4. Complete as frases com a preposição exigida pela regência dos verbos, de acordo com a norma-padrão:

a) Assisti ______ um fantástico espetáculo de mágicas.

b) São estes os alunos que desobedeceram ______o regulamento da escola.

c) Maria prefere contos ______crônicas.

d) Este é um direito que assiste ______o professor e também ______o aluno.

5. Empregue nas frases a seguir uma das preposições abaixo, de acordo com a regência do verbo recomendada pela norma-padrão.

a   com   de   por

a) A peça ______ que assistimos estreou no mês passado.

b) A pessoa ______ quem mais gostei na vida não me amou.

c) A estudante ______ quem me correspondo virá ao Brasil no próximo mês.

d) Você esperou ______ isso a vida toda.

Leia este meme para responder às questões 6 a 8:

6. O meme constrói humor com base no fato de o verbo **passar** apresentar mais de um sentido.

a) Qual é o sentido desse verbo no texto da parte superior do meme?

b) E qual é o sentido no texto da parte inferior do meme?

c) Explique como se dá a construção do humor na relação dos dois sentidos identificados por você nos itens **a** e **b**.

7. Observe a regência do verbo **passar** nas duas ocorrências.

a) Qual é a transitividade desse verbo no texto da parte superior do meme? Nessa ocorrência, ele rege uma preposição?

b) Que preposição esse verbo rege no texto da parte inferior do meme? Qual é, portanto, sua transitividade?

c) Qual é a função sintática do termo "por cima de você"?

8. Observe alguns usos diferentes do verbo **passar**:

- O vencedor **passou** os adversários na última volta.
- A assessoria de imprensa **passou** vinte fãs pela segurança.
- Os funcionários **passaram** o idoso para a frente da fila.
- **Passei** da maior alegria para a mais profunda tristeza.
- Os pintores rapidamente **passaram** a tinta na parede.
- **Passe** a bandeja, por favor!

Qual é o sentido do verbo **passar** em cada uma dessas ocorrências?

A regência nominal

Leia os textos a seguir

Texto 1

(Disponível em: https://www.facebook.com/photo/?fbid=387039366780830&set=a.342111111273656. Acesso em: 18/7/2023.)

Texto 2

(Disponível em: http://www.willtirando.com.br/preguica-nao-e-crime/. Acesso em: 18/7/2023.)

1. Troque ideias com os colegas e o professor e deduza: Qual é a finalidade do texto 1? Justifique sua resposta com elementos do texto.

2. Como é comum nas tirinhas, o humor do texto 2 é construído no último quadrinho por uma quebra de expectativa. Explique como isso ocorre.

3. O substantivo **direito** foi empregado nos dois textos em estudo.

a) Identifique os termos que complementam esse substantivo em cada uma das ocorrências e dê sua classificação morfológica.

b) Quais são as preposições regidas pelo substantivo **direito** em cada ocorrência?

c) Reescreva as duas expressões invertendo as classes morfológicas dos complementos identificados por você no item **a** e conclua: Houve mudança no emprego das preposições?

Alguns nomes — substantivos, adjetivos e advérbios —, pelo fato de admitirem mais de uma preposição que ligue o termo regente ao termo regido, também oferecem, como determinados verbos, dificuldade quanto à identificação da sua regência. Apresentamos a seguir uma relação de nomes com suas regências mais comuns.

- Acessível, adequado, apto, atento, contíguo, contrário, desfavorável, equivalente, fiel, hostil, insensível, obediente, prejudicial, visível — **a**:

O rapaz se mostrava **insensível a**o sofrimento da garota.

- Capaz, incapaz, digno, ansioso, indigno, passível, contemporâneo, ávido, fácil, inseparável, suspeito, temeroso — **de**:

Era uma pessoa **ávida de** emoções fortes.

- Amoroso, compatível, cruel, cuidadoso, descontente, afável, generoso, solícito, aparentado, furioso — **com**:

Infelizmente, o sangue do doador não era **compatível com** o do paciente.

- Entendido, indeciso, lento, morador, hábil, doutor, prático, pródigo, rico, sábio, fecundo — **em**:

Tenho raciocínio **lento em** matemática.

Prostock-studio/Shutterstock

- Apto, inútil, incapaz, bom, ansioso, impotente, mau, essencial, próprio — **para**:

Ingerir líquidos é **essencial para** o bom funcionamento do organismo.

- Ansioso, responsável, querido, respeito, interesse — **por**:

Estavam todos **ansiosos pelo** resultado dos testes.

4. Complete o texto a seguir com as preposições adequadas à regência de verbos e nomes, de acordo com a norma-padrão da língua. Quando necessário, faça a contração da preposição com o artigo, com o pronome ou com o advérbio.

O lugar do Medo

A Natureza colocou ________ nós dois mecanismos ________ defesa: Dor e Medo. Sem esses dois deixaríamos ________ ter alertas e ________ ficar ________ estado ________ atenção; afinal, a maior vulnerabilidade é supor-se invulnerável. O Medo, portanto, não nos ameaça, a não ser quando se torna exagerado (e vira Pânico), ou irracional ou obsessivo, saindo ________ território ________ prontidão e entrando ________ território da doença.

Biry Sarkis/Acervo da editora

Muita gente quer evitar que uma criança tenha medo, mas, ________ ela, o significado é o mesmo: mecanismo ________ defesa. Porém, o desenvolvimento ainda incipiente ________ movimentos mais elaborados ________ racionalidade levam a criança ________ maximizar seus medos e focá-los em lugares onde não deveriam e nem precisariam estar, e esta criança deve ser formada ________ ver o medo onde ________ fato está.

O medo, ________ ser enfrentado, dá vigor ________ identidade e ________ personalidade; afinal, uma criança sempre precisa ser lembrada que Coragem não é ausência ________ medo, mas, isso sim, a capacidade ________ enfrentá-lo. Ter coragem é não acatar uma visão fatalista ou aterrorizante daquilo que nos cerca e saber que o enfrentamento do que nos amedronta exige reflexão, preparo e ação.

Adultos equivocados desprezam os medos infantis, supondo serem banais ou secundários, apenas ________ virem de seres imaturos; porém, o medo ________ infância deve ter um tratamento inteligente ________ parte ________ cuidadores: ajudar a criança ________ identificá-lo, examiná-lo e enfrentá-lo, ________ fingir que é pequeno algo que, ________ o paciente, tem dimensão maior.

[...]

(Mario Sergio Cortella. *Não se desespere! — Provocações filosóficas*. 7. ed. Petrópolis: Vozes, 2014. p. 67-68.)

5. Segundo o autor, qual é o papel do adulto em relação ao medo infantil? O adulto deve proteger a criança e evitar que ela sinta medo?

____

____

6. Complete as frases a seguir com as preposições adequadas, de acordo com a norma-padrão.

a) Os torcedores ficaram furiosos ________ o time.

b) Os sócios têm residência ________ Garanhuns, Pernambuco.

c) Os alunos do 9º B são responsáveis ________ atividades de recreação.

d) Marcos é incapaz ________ maltratar alguém.

e) Fiquei indecisa ________ teste e me achei inapta ________ o cargo.

Lembre-se

de + o(s), a(s) = do(s), da(s)

em + o(s), a(s) = no(s), na(s)

per + a(s), o(s) = pela(s), pelo(s)

de + ele(a) = dele(a)

7. Relacione a primeira coluna com a segunda, de modo que as regências nominais fiquem de acordo com a norma-padrão.

a) A água é essencial	( ) pelos amigos.
b) O programa não é compatível	( ) aos usuários.
c) Estávamos ansiosos	( ) em humor.
d) Júlia é muito querida	( ) de fazer.
e) O *site* não estava acessível	( ) com a máquina.
f) O exercício era muito fácil	( ) para a continuidade da vida.
g) O gato era inseparável	( ) pelos resultados das provas.
h) Ele é rico	( ) do seu dono.

A regência NA CONSTRUÇÃO DO TEXTO

Leia este texto do jornalista e escritor Ruy Castro:

Gramática está perdendo de goleada no atual momento político

RIO DE JANEIRO — "O deputado que faltar sessões da Câmara durante a Olimpíada será descontado", diz o locutor matinal do rádio. Quem errou? O redator do programa, que não sabe ou se esqueceu de que o correto é "o deputado que faltar às sessões" ou o locutor que, mal saído da cama, leu distraído o texto? Tanto faz. O desprestígio ou mau uso da preposição "a" já é tal que temo pelo seu futuro na língua.

Os fatos novos com que estamos lidando no país têm levado a gramática a perder de goleada para as construções mais estapafúrdias. Jornalistas, políticos e economistas se revezam na arte de cometer batatadas. Uma das mais frequentes é escrever ou dizer que fulano "faz **apologia** a" alguma coisa. Até há pouco, e conforme os melhores autores, fazia-se a apologia "de" alguma coisa.

Jean Galvão/Acervo da editora

E as pessoas que se concentram na Cinelândia ou na avenida Paulista "em protesto a" isso ou aquilo? Sempre pensei que se protestava "contra", não "a" o que quer que fosse. São as mesmas que se acham no "direito a protestar", e não "de protestar" — não admira que os protestos atraiam cada vez menos gente. O mesmo quanto às que se mobilizam "em celebração a" alguém, e não "de alguém". De onde saem esses estrupícios?

Repórteres se referem ao político xis como "aliado ao" deputado fulano. Como se pode ser aliado "a alguém", e não "de alguém"? [...]

apologia: elogio, defesa, enaltecimento.
filigrana: detalhe, minúcia.

Sim, eu sei, não passam de **filigranas**. Como estamos em plena temporada de "questionar a" qualquer coisa — e não apenas "questionar" essa mesma coisa —, talvez o alvo da vez seja a pobre e abandonada língua portuguesa.

(Disponível em: https://www1.folha.uol.com.br/colunas/ruycastro/2016/07/1795021-gramatica-esta-perdendo-de-goleada-no-atual-momento-politico.shtml. Acesso em: 5/7/2023.)

1. O autor do texto faz uma crítica ao modo como a língua portuguesa vem sendo utilizada.

a) A quem ele critica?

____

b) Que aspecto(s) da gramática o autor destaca para fundamentar sua crítica?

____

c) Em que canal o texto foi veiculado? Logo, quem é o público desse texto?

____

____

2. Sem voltar ao texto, preencha as lacunas com a preposição (ou indique a falta dela) recomendada por Ruy Castro e pela gramática normativa:

a) Todos aqui têm o direito ____________ protestar.

b) Os estudantes saíram em protesto ____________ o aumento da mensalidade.

c) Por que está questionando somente agora ____________ o novo valor do aluguel?

d) Não faça apologia ____________ autor, ele não merece.

e) Nunca faltei ____________ minhas sessões de terapia.

f) Sempre fui um aliado ____________ nosso diretor.

3. Das frases que você completou:

a) Em qual (quais) delas a preposição é regida por verbos?

____

b) E em quais é regida por nomes?

____

4. Observe estes trechos do texto:

- "construções mais estapafúrdias"
- "arte de cometer batatadas"
- "De onde saem esses estrupícios?"
- "pobre e abandonada língua portuguesa"

Como o autor se posiciona em relação à norma-padrão e às variações de uso da língua que ele mesmo demonstra: de forma mais rígida e conservadora ou de modo mais aberto, sem preconceitos? Justifique sua resposta com base nos trechos citados.

Para que serve a regência verbal?

A regência verbal contribui para tornar os textos mais precisos quanto ao **sentido**.

Se uma mãe diz, por exemplo, "Sempre quis **o meu filho!**", entendemos que, por alguma razão, ela não tem o filho ao seu lado e deseja tê-lo. Se, entretanto, ela diz: "Sempre quis **ao meu filho!**", entendemos que ela sempre amou o filho, sempre lhe quis bem.

____

____

____

____

5. Leia, agora, este trecho de um artigo do linguista brasileiro Sírio Possenti, professor da Unicamp-SP:

https://www.tudonalingua.com/news/gramatica%20na%20cabe%C3%A7a/

"Considere-se um aspecto da gramática, a regência verbal. Aprende-se que os verbos são transitivos (diretos ou indiretos, etc.) ou intransitivos (etc.). Dão-se exemplos (dormir, comer feijão, dar aos pobres). Mas, em seguida, as gramáticas e manuais fornecem uma pequena lista de verbos cuja regência é uma na fala da maioria das pessoas e outra no "português correto"! Por isso, os compêndios pensam que devem corrigir a realidade, ensinando que a regência antiga é a correta. Se as línguas mudam, por que não aceitar que estão mudando também agora? Por que não ver que vivemos em uma época em que a mudança está sendo implementada, ou já foi implementada? Que já foi implementada na fala (não tem volta!) e não é implementada também na escrita apenas porque somos muito conservadores, porque perseguimos aqueles que adotam as novas formas?"

(Disponível em: https://www.tudonalingua.com/news/gramatica%20na%20cabe%C3%A7a/. Acesso em: 4/12/2019.)

a) A visão do linguista é a mesma da do jornalista em relação ao uso da regência verbal no português brasileiro e às regras da norma-padrão? Que trecho do texto justifica sua resposta?

b) Que proposta o linguista faz a respeito da desconexão entre a norma-padrão e o uso concreto da língua?

c) O alvo do questionamento que o linguista faz é a língua portuguesa, a gramática normativa ou o ensino de gramática nas escolas?

6. No final do texto de Ruy Castro se lê:

> "Sim, eu sei, não passam de filigranas. Como estamos em plena temporada de 'questionar a' qualquer coisa — e não apenas 'questionar' essa mesma coisa —, talvez o alvo da vez seja a pobre e abandonada língua portuguesa."

Tomando como base o texto de Ruy Castro e suas posições a respeito de regência, o que podemos inferir do que ele considera ser a língua portuguesa?

7. O texto de Ruy Castro emprega uma linguagem de acordo com a norma-padrão, mas em um registro não tão formal.

a) Releia o texto e identifique trechos nos quais foram empregadas palavras ou expressões que fogem ao registro formal.

b) Troque ideias com os colegas e o professor e responda: Que efeito de sentido o uso desse registro constrói no texto de Ruy Castro?

c) Que relação se pode estabelecer entre o efeito de sentido criado pelo uso desse registro e o posicionamento do autor sobre a língua portuguesa?

SEMÂNTICA E DISCURSO

Um leitor enviou ao *blog* do escritor e crítico literário Sérgio Rodrigues este texto:

"Antigamente (não muito antigamente) eu ia ao cinema para assistir 'o' filme. Ia ao campo de futebol para assistir 'o' jogo. Ligava a TV para assistir 'o' jornal. Agora eu vou ao cinema para assistir 'ao' filme. Vou ao campo de futebol para assistir 'ao' jogo. Ligo a TV para assistir 'ao' jornal. E quando eu for ao campo para ver 'o' jogo, eu tenho que ver 'ao' jogo também?
Por quê? Alguém pode me explicar isso? Com toda admiração e respeito pelos professores." (Sebastião Albano)

(Disponível em: https://veja.abril.com.br/coluna/sobre-palavras/eu-ja-assisti-o-jogo-hoje-assisto-ao-jogo-o-que-mudou. Acesso em: 5/7/2023.)

Jean Galvão/Acervo da editora

1. Se você fosse o autor do *blog*, como responderia gramaticalmente à carta do leitor:

a) a respeito do verbo **assistir**?

b) a respeito do verbo **ver**?

c) a respeito das prescrições da norma-padrão e do uso da língua pela maioria da população?

2. Observe que, nos exemplos dados pelo autor da carta, ele emprega:

> "Agora eu vou ao cinema para assistir 'ao' filme.
> Vou ao campo de futebol para assistir 'ao' jogo."

a) A regência do verbo **ir** empregada pelo leitor está de acordo com a norma-padrão?

____

b) E está de acordo com o modo como a maioria dos brasileiros fala? Por quê?

____

____

3. O autor da carta dá a entender que percebeu uma mudança recente em relação à regência do verbo **assistir**. Levante hipóteses: De que modo ele pode ter tomado conhecimento a respeito da regência recomendada pela gramática normativa?

____

____

____

4. Comparando suas respostas às questões 2 e 3, o que elas demonstram sobre a influência do ensino de gramática na escola e dos meios de comunicação sobre a língua falada pela população? Justifique sua resposta com elementos da carta do leitor.

____

____

____

____

____

____

____

5. Ao final da carta, o leitor diz: "Com toda admiração e respeito pelos professores" . Como você entende essa observação, no contexto?

____

____

____

Leia o meme e o *twitt* a seguir para responder às questões 6 a 8.

6. Para construir humor, o meme explora a ambiguidade, isto é, o duplo sentido de uma palavra. Identifique-a e explique qual é essa ambiguidade.

7. Troque ideias com os colegas e o professor e, entre as opções a seguir, identifique aquela que melhor descreve o sentido geral do *twitt*.

- [ ] O enunciador está tão infeliz que não gosta de mais ninguém, nem mesmo dos amigos do WhatsApp.
- [ ] O enunciador é provavelmente uma pessoa desmemoriada, porque se esquece de atualizar suas redes sociais.
- [ ] O enunciador está tão atrapalhado que não consegue nem mesmo dar atenção às pessoas por quem tem consideração.

8. Observe o emprego do verbo **chegar** nos dois textos.

a) Em qual deles a regência foi empregada de acordo com a norma-padrão?

b) Identifique, no outro caso, a divergência em relação à norma-padrão.

c) Troque ideias com os colegas e o professor e levante hipóteses: No caso dos textos em estudo, a que se deve essa variação na regência?

____

____

____

____

____

PARA ESCREVER COM adequação

Antonímia, sinonímia, hiponímia e hiperonímia

Leia o texto a seguir.

Brasil inventou a fuzarca e precisa exportar a tecnologia do furdunço

País da algazarra, alvoroço, arruaça, baderna, bagunça e bafafá tem uma desordem que há de nos levar ao progresso

Duvido que tenha alguma língua no mundo com tanta palavra pra bagunça quanto a nossa. E o léxico não vem do grego ou do latim: nossos termos pra desordem nasceram por aqui, às vezes sem pai nem mãe.

Bagunça, por exemplo: tem pais desconhecidos, assim como furdunço e fuzuê. O Brasil inventou a fuzarca — ou talvez o contrário. Auê, fuzuê, frege, bafafá, rebuliço. [...]

Jean Galvão/Acervo da editora

Minha vó chamava de murundum um baú cheio de cartas e fotos — corruptela de murundu, sinônimo de barafunda, aquele amontoado de qualquer coisa. Tenho pena das bagunças obsoletas, que morreram com o tempo. Ninguém nunca me chamou pra uma patuscada, um salsifré, um bailarico. Gandaia ainda se usa, mas só pra cair nela. Já ninguém se levanta pra uma gandaia.

Baderna veio da Marietta — a bailarina italiana que fez um sucesso estrondoso no Rio ao misturar danças africanas e balé clássico — isso em 1850. [...]

Gosto das palavras que servem pra designar ao mesmo tempo uma forma de confusão e uma forma de comida — sururu, sarapatel, angu de caroço. [...] Galhofa já significou banquete, até virar sinônimo de bagunça, e hoje virou humor fácil — no teatro, quando o comediante perde a mão, alerta-se, na coxia: "Cuidado com a galhofa". [...]

Dominamos, como ninguém, a tecnologia do furdunço. [...]. O progresso só alcançamos na fuzarca — sem cair na galhofa jamais. Não existe contradição entre o balé e a bagunça.

(Gregório Duvivier. Disponível em https://www1.folha.uol.com.br/colunas/gregorioduvivier/2022/02/brasil-inventou-a-fuzarca-e-precisa-exportar-a-tecnologia-do-furdunco.shtml. Acesso em 14/7/2023.)

1. O texto explora os sentidos de diversas palavras com sentido semelhante.

a) Quais são essas palavras? Circule-as no texto.

b) Embora apresentem algumas diferenças semânticas, todas as palavras identificadas no item **a** têm um ponto em comum. Qual é esse ponto?

____

____

c) Você costuma usar alguma dessas palavras em seu dia a dia ou conhece alguém que usa? Compartilhe com os colegas.

____

____

2. Observe o título e o subtítulo do texto:

"Brasil inventou a fuzarca e precisa exportar a tecnologia do furdunço

País da algazarra, alvoroço, arruaça, baderna, bagunça e bafafá tem uma desordem que há de nos levar ao progresso"

a) Levante hipóteses: Por que a construção "precisa exportar a tecnologia do furdunço" constrói efeito de humor?

____

____

____

b) Troque ideias com os colegas e o professor: O trecho "tem uma desordem que há de nos levar ao progresso" dialoga diretamente com que outro texto?

____

____

3. Releia o primeiro parágrafo:

"Duvido que tenha alguma língua no mundo com tanta **palavra** pra bagunça quanto a nossa. E o léxico não vem do grego ou do latim: nossos termos pra desordem nasceram por aqui, às vezes sem pai nem mãe."

a) Identifique, nesse trecho, quais foram as outras palavras empregadas para retomar o vocábulo **palavra** em destaque.

b) Que sentido tem a expressão "sem pai nem mãe" no contexto? Indique a expressão do segundo parágrafo que a retoma.

c) Troque ideias com os colegas e o professor e explique a importância desse tipo de retomada para a construção de um texto.

4. Releia este trecho:

"Ninguém nunca me chamou pra uma patuscada, um salsifré, um bailarico. Gandaia ainda se usa, mas só pra cair nela. Já ninguém se levanta pra uma gandaia."

a) Deduza: Por que o autor nunca foi chamado para "uma patuscada, um salsifré, um bailarico"? Justifique sua resposta com base no texto.

b) Identifique, na segunda frase desse trecho, duas palavras que podem indicar o contrário uma da outra. Em seguida, explique o efeito de humor criado por essa construção.

c) Entre as opções a seguir, extraídas do texto, identifique aquelas que formam um par de palavras contrárias.

nasceram	desconhecido	cheio	amontoado
obsoletas	morreram	fácil	sem

d) Sugira termos que formam um par contrário com as palavras que sobraram no item **c.**

5. Agora, releia as duas últimas frases do texto:

"O progresso só alcançamos na fuzarca — sem cair na galhofa jamais. Não existe contradição entre o balé e a bagunça."

a) Considerando o conteúdo do texto, explique o sentido da primeira frase desse trecho.

b) Com qual outro trecho do texto a última frase dialoga? Explique o sentido dela de acordo com o contexto.

Em alguns contextos, como no caso do artigo que você leu e analisou, é possível substituir um substantivo por outros, como **palavra**, **léxico**, **termo**, sem que, com isso, ocorram profundas alterações semânticas. O mesmo pode acontecer com **algazarra**, **alvoroço**, **baderna**, **bagunça**, **bafafá** e outros citados no texto. Essas palavras são consideradas sinônimas.

Sinônimos são palavras de sentido aproximado que podem ser substituídas umas pelas outras em diferentes contextos.

Também no texto estudado, a oposição de sentido entre as palavras *cai* e *levanta* foi explorada para construir um efeito de humor. Nesse caso, dizemos que elas são **antônimas**.

Antônimos são palavras de sentidos opostos.

Veja outros exemplos de antônimos:

- Tentamos encontrar **ordem** em meio à **desordem**.
- **Nunca** fui chamado pra uma patuscada, mas **sempre** sou chamado pra reuniões.
- Os termos nasceram por **aqui**, não por **lá**.

6. Leia estas tiras:

© Armandinho, de Alexandre Beck/Acervo do cartunista

Os substantivos **incas**, **jês**, **tupis** e **guaranis**, usados na segunda tira, estão relacionados a um substantivo usado na primeira tira.

a) Qual é esse substantivo?

b) Os substantivos **incas**, **jês**, **tupis** e **guaranis** têm que tipo de relação com esse substantivo?

c) Após as palavras **incas**, **jês**, **tupis** e **guaranis**, o cartunista emprega reticências. Por quê?

d) Caso o cartunista repetisse o substantivo, em vez de usar os substantivos **incas**, **jês**, **tupis** e **guaranis**, qual seria a alteração de sentido para o leitor?

Note que, entre **incas**, **jês**, **tupis** e **guaranis**, há alguma familiaridade, pois pertencem a um mesmo grupo semântico: o grupo dos **povos** originários da América do Sul. As palavras **incas**, **jês**, **tupis** e **guaranis** são **hipônimos** de **povos**. A palavra **povos**, por sua vez, por ter um sentido mais amplo que as outras, nesse contexto, é **hiperônimo** delas.

Hipônimo e hiperônimo são palavras que pertencem ao mesmo campo semântico, sendo o hipônimo uma palavra de sentido mais específico e o hiperônimo uma palavra de sentido mais genérico.

Exercícios

1. A substituição de uma palavra por outra, sinônima, depende de vários fatores: qual é a situação de comunicação, quem fala, com quem fala, com que finalidade, etc. Às vezes, em uma situação, uma palavra tem o sentido semelhante ao de outra; contudo, em outra situação, essa correspondência de sentidos pode deixar de existir. Observe a lista com duplas de possíveis sinônimos:

velho	—	antigo
casa	—	lar
pelada	—	nua

Imagine dois tipos de situação para cada par de palavras: uma em que elas possam ser empregadas como sinônimas e outra em que não possam. Depois, crie frases para cada uma das situações.

2. Leia esta notícia:

Araras, papagaios e periquitos voltam ao céu do Rio

Ornitólogos observam o retorno de aves que desapareceram ao longo do século XX e a chegada de novas espécies

Ana Lucia Azevedo

ESB Professional/Shutterstock

RIO — Impossível ignorar os bandos de papagaios e periquitos que cruzam a cidade de Norte a Sul. Estardalhaço e cor não lhes faltam. Menos ainda quantidade. Especialistas em aves afirmam que não se trata de mera impressão. Os psitacídeos — denominação que inclui araras, papagaios e periquitos — estão mesmo mais comuns no município do Rio de Janeiro e podem ser encontrados em quase todos os bairros. O que muita gente não percebe é que não se trata de uma, mas de mais de uma dezena de espécies. [...]

(Disponível em: https://oglobo.globo.com/rio/araras-papagaios-periquitos-voltam-ao-ceu-do-rio-21702545. Acesso em: 5/7/2023.)

a) Que palavras do subtítulo são usadas para retomar as palavras **araras**, **papagaios** e **periquitos** empregadas no título? Qual é a relação de sentido entre essas palavras e as empregadas no título?

b) Ao longo do texto, o autor emprega outro hiperônimo e explica o sentido dele por meio de hipônimos. Identifique esse trecho.

c) Que outra palavra do texto equivale à palavra que você identificou no item **b** e também pode ser especificada por hipônimos?

3. As palavras **cascalho**, **dindim**, **tutu**, **bufunfa** e **cacau** são sinônimas de dinheiro.

a) Elas podem substituir a palavra **dinheiro** em qualquer situação?

b) Em que contextos, em sua opinião, o uso delas seria adequado?

c) Troque ideias com os colegas e o professor e, se necessário, faça uma pesquisa: Você conhece outras palavras sinônimas de **dinheiro**? Qual delas você mais utiliza?

____

____

4. Existem na língua muitas palavras e expressões que designam "falta de dinheiro". Entre elas, estão: **pindaíba**, **durango**, **quebrado**, **ruço**, **não ter onde cair morto**, **com a corda no pescoço**. Que outras palavras e expressões com esse mesmo sentido você conhece?

____

5. Leia o seguinte anúncio publicitário.

Reprodução/Associação Nacional de Jornais - ANJ

(Disponível em: https://www.folhape.com.br/edicao-impressa/740/31-03-2018/#edicao_impressa-14. Acesso em: 5/7/2023.)

a) O sentido do anúncio é construído com base em uma relação de antonímia. Que palavras compõem essa antonímia?

b) Qual é a instituição responsável pelo anúncio?

c) Em que dia o anúncio foi publicado? Por que esse dia foi escolhido?

d) Observe o texto da parte de baixo do anúncio:

> **MAIS UM 1º DE ABRIL. MAIS UM "DIA DA MENTIRA".**
> Mas dizer que "é o dia dela" não passa de um engano. Nestes tempos de tantas falsas notícias com trânsito livre pela internet, mentira deixou de ser coisa de um dia e virou companheira de todas as horas. Mas, para azar dela, continuamos aqui. Dedicados, diariamente, a estragar essa festa. No Brasil, somos mais de uma centena de jornais e milhares de profissionais cujo propósito é garantir que a mentira tenha vida curtíssima. E a verdade, sim, prevaleça. Precisamos, em vez de um "Dia da Mentira", de mais "Dias da Verdade", todo dia, o tempo todo. O 1º de abril deve servir para uma reflexão. Pensar no mal que o simples ato de criar ou compartilhar uma notícia falsa pode provocar. Como cidadãos, podemos fazer mais contra a mentira. Devemos conferir antes de compartilhar uma notícia se ela saiu em um veículo respeitado, como os jornais.
> A MENTIRA NÃO MERECE NEM MAIS UM DIA.
> MERECE UM BASTA.

De acordo com o anúncio, quem seriam os responsáveis pela verdade e pela mentira?

DE OLHO NA escrita

A crase

Leia esta tira de Fernando Gonsales:

© Fernando Gonsales/Acervo do cartunista

(*Folha de S.Paulo*, 8/11/2019.)

1. O humor da tira é construído com base em um mal-entendido.

a) Como o rato compreendeu a fala do cachorro?

b) Quem seria o referente de **senhor** na compreensão do rato?

c) Quem é o referente de **senhor** para o cachorro?

2. Observe o enunciado:

"Estou **agradecendo** àquele senhor pela refeição!"

a) O verbo em destaque rege alguns termos. Que termos são esses?

b) Quais são as preposições empregadas na regência do verbo **agradecer**?

c) Reescreva o enunciado, substituindo **aquele senhor** por **ele**. Depois responda: O que ocorreu com a crase?

d) Reescreva o enunciado, substituindo **aquele senhor** por **a senhora**.

Ao responder às questões anteriores, você pôde observar que o verbo **agradecer** rege a preposição **a**. O encontro dessa preposição com o artigo feminino **a** ou com o **a** que introduz os pronomes demonstrativos **aquele(a)(s)** resulta no fenômeno chamado **crase**, indicado, na escrita, com o acento grave:

Agradeço **à** senhora	Agradeço **à**quele senhor
a + **a**	**a** + **aquele**

Em resumo, ocorre crase quando a preposição **a** exigida pela regência de um verbo ou de um nome (substantivo, adjetivo ou advérbio) se funde com:

- o artigo feminino **a(s)**:

Ele voltou **à** fazenda logo depois do almoço.

- os pronomes demonstrativos **aquele(s)**, **aquela(s)**, **aquilo**:

Ela pediu **àquele** menino que a ajudasse a levar as compras.

Casos especiais de ocorrência de crase

Ocorre crase:

- em locuções adverbiais e prepositivas formadas por substantivos femininos, como: **às vezes**, **às pressas**, **às claras**, **à toa**, **à custa de**, **à esquerda**, **à direita**, **à tarde**, **às duas horas**:

Conseguiu ser aprovado no vestibular **à custa de** muito esforço.

- nas expressões proporcionais **à medida que**, **à proporção que**:

As ruas ficavam cada vez mais desertas, **à proporção que** nos afastávamos do centro da cidade.

- quando estão subentendidas as expressões **à moda de**, **à maneira de** ou palavras como **faculdade**, **universidade**, **empresa**, **companhia**, mesmo que diante de palavras masculinas:

  - Usa salto à Luís XV. (à moda de Luís XV)
  - Os vestibulandos de economia devem dirigir-se **à FGV**. (à Fundação Getulio Vargas)

- antes de nomes de lugares (topônimos) determinados pelo artigo **a**:

Seu maior desejo era ir **à** Inglaterra.

Na dúvida...

Para saber se ocorre ou não crase diante de determinada palavra, proceda assim:

- Verifique se a palavra admite o artigo **a**, colocando-a depois de um verbo que exige uma preposição diferente de **a**. Veja:

  - Voltei **da** feira mais cedo. → Vou **à** feira mais cedo.
  - Voltei **de** Manaus antes da data prevista. → Vou **a** Manaus antes da data prevista.

- Substitua a palavra feminina por uma masculina e observe se ocorre a combinação **ao** antes do nome masculino:

O governo dará incentivo **ao** comércio. → O governo dará incentivo **à** agricultura.

Exercícios

Leia o texto a seguir para responder às questões 1 e 2.

(Disponível em: https://issuu.com/apcbh/docs/book_por_g_alta_17-12-19. Acesso em: 18/7/2023.)

1. Em relação à situação de produção do texto, troque ideias com os colegas e o professor e responda:

a) Qual é a finalidade desse texto?

b) Quem é o responsável pelo texto e a quem ele se dirige?

2. Observe o emprego da palavra **a** em "a Belo Horizonte".

a) A ausência do acento indicador de crase na expressão "Bem-vindo a Belo Horizonte" está de acordo com a norma-padrão? Explique por quê.

b) Complete as frases a seguir, empregando a preposição, o artigo e o indicativo de crase, conforme a norma-padrão.

- Bem-vindo ______ cidade de Belo Horizonte.
- Bem-vindo ______ município de Belo Horizonte.
- Bem-vindo ______ capital de Minas Gerais.
- Bem-vindo ______ Minas Gerais.
- Bem-vindo ______ Bahia

3. Leia esta anedota:

O dono do mercado estava dormindo. De repente, toca o telefone, ______ 3 horas da manhã.

— Seu João, ______ que horas abre o mercado?

— Poxa, isso é hora de ligar? Eu só abro ______ 8 horas.

E voltou ______ dormir. ______ 5 horas, o telefone tocou de novo:

— Seu João, não dá para abrir o mercado mais cedo?

— Você de novo? Não, não dá. Eu já disse que só abro ______ 8 horas!

E bateu o telefone. Dali ______ meia hora, outro toque:

— Seu João, abre o mercado mais cedo, por favor...

— Mas que coisa! Por que você quer tanto isso? O que você precisa comprar?

— Sabe o que é, seu João? É que eu estou preso aqui dentro!

(Paulo Tadeu. *Essa é boa – Novíssimas piadas para criança.* São Paulo: Urbana, 2011. p. 42.)

Jean Galvão/Acervo da editora

Quais preposições e crases completam o texto, de acordo com a norma-padrão?

- ☐ às, à, às, a, às, às, a
- ☐ às, a, às, a, às, às, a
- ☐ às, a, as, à, as, as, à
- ☐ as, à, às, a, às, as, a
- ☐ as, à, às, a, as, as, a

4. Leia o meme a seguir.

Darya Sarakouskaya/Shutterstock

a) A expressão "às vezes" está escrita de acordo com as regras de emprego da crase? Justifique sua resposta.

b) Construa uma frase utilizando essa expressão.

c) Qual é a função do termo "a conclusão alguma" no contexto? Ele foi escrito corretamente sem crase? Justifique sua resposta.

5. Empregue o acento indicador de crase onde convier, de acordo com a norma-padrão:

a) A modelo se veste a Saint Laurent.

b) Iremos a Fortaleza, a João Pessoa e a Natal.

c) De segunda a sexta-feira, as 14 h, temos treino na escola.

d) O acesso aqueles *sites* já está liberado.

e) Vamos a academia todas as quintas, a noite.

f) A meu ver, ela está certa.

6. Nos textos a seguir, a capa de um livro e uma postagem de *blog*, houve o emprego do acento indicador de crase. Verifique se esse emprego está ou não de acordo com a norma-padrão e explique por quê.

a)

Reprodução/Editora Salamandra

b)

Reprodução/https://naosejaessapessoa.tumblr.com

(Disponível em: https://naosejaessapessoa.tumblr.com/post/149367629942/n%C3%A3o-d%C3%A1-valor-%C3%A0-paralimp%C3%ADada. Acesso em: 10/12/2019.)

Leia esta tira de Alexandre Beck:

(*Armandinho cinco*. Florianópolis: A. C. Beck, 2015. p. 45 e 89.)

7. A tira apresenta uma crítica a algumas famílias. Qual é a crítica?

8. Na tira, receberam acento indicador da crase as expressões "às duas horas", "às quatro", "às seis" e "às oito".

a) O emprego do acento está de acordo com a norma-padrão? Justifique sua resposta.

b) O trecho "você vai ao francês" apresenta a combinação da preposição **a** e do artigo **o**. Como ficaria o trecho se fosse uma aula de natação?

DIVIRTA-SE

(Disponível em: http://www.custodio.net/tiras-did-ticas.html. Acesso em: 18/7/2023.)

CAPÍTULO 10

Colocação pronominal

Construindo o conceito

Leia o anúncio a seguir.

(Disponível em: https://www.putasacada.com.br/ford-jwt/. Acesso em: 5/7/2023.)

1. Observe o texto da parte inferior do anúncio.

a) Quem é o anunciante?

b) Qual é a finalidade do anúncio?

c) Explique a relação entre esse texto e a imagem da parte superior.

2. O anúncio utiliza uma estratégia na construção de sua frase central.

a) Qual é essa estratégia?

b) Levante hipóteses: Com qual objetivo essa estratégia foi utilizada?

c) Reescreva a frase tal como ela deve ser compreendida no contexto do anúncio.

d) Compare a sua reescrita com a de seus colegas: Há alguma diferença entre elas?

3. Explique por que é possível considerar que a frase central do anúncio contém uma ironia, tendo em vista a análise feita por você nas questões anteriores.

Conceituando

Ao realizar o estudo da abertura deste capítulo, você observou que a frase central do anúncio estava propositalmente "embaralhada", isto é, as palavras e expressões foram escritas em uma ordem que precisou ser reorganizada para que o conteúdo do texto fosse compreendido.

Ao comparar as propostas de reescrita entre os colegas e discuti-las com o professor, você também viu que há termos que podem ser utilizados em diferentes posições na frase e outros que são empregados sempre na mesma posição.

Observe as frases a seguir, compostas das mesmas palavras:

- Prêmio este ganhar simples é.
- É ganhar este simples prêmio.
- Ganhar este prêmio é simples.
- É simples ganhar este prêmio.
- Este prêmio é simples ganhar.

Como se nota, das cinco frases, apenas as três últimas têm sentido coerente em nossa língua. Pode acontecer, ainda, que um termo tenha seu sentido modificado ao mudar de posição na oração. Veja:

- Ganhamos um prêmio simples.
- Ganhamos um simples prêmio.

Posposto ao substantivo **prêmio**, tal como na primeira frase, o adjetivo **simples** tem o sentido de um prêmio singelo, modesto. Já anteposto, como na segunda, o mesmo adjetivo tem o sentido de um prêmio qualquer, sem valor.

As questões relativas à ordem das palavras na oração constituem assuntos que dizem respeito a **colocação**.

Colocação é o modo como se dispõem os termos que formam uma oração.

Na língua portuguesa há certa liberdade de colocação dos termos na oração. A organização padronizada como **ordem direta** apresenta esta sequência:

sujeito + verbo + objeto direto + objeto indireto + adjuntos

ou

sujeito + verbo + predicativo

Observe:

- Ganhar este prêmio | é | simples.

Ganhar este prêmio	é	simples.
or. sub. subst. subj.	VL	predicativo

- Muitas empresas | complicam | a vida do consumidor.

Muitas empresas	complicam	a vida do consumidor.
sujeito	VTD	OD

Podemos optar pela **ordem indireta** quando há intenção de enfatizar algum termo, como um adjunto adverbial, que pode vir no começo, no meio ou ao final de uma frase. Essa liberdade, como vimos, pressupõe o respeito a alguns princípios, pois há algumas ordens que podem impedir ou dificultar a compreensão dos textos ou, ainda, mudar o sentido de uma frase.

Um tipo de colocação específico, que também segue determinados princípios, é a colocação pronominal.

A colocação pronominal

Leia este poema, de Mário Quintana:

Bilhete

Se tu me amas, ama-me baixinho
Não o grites de cima dos telhados
Deixa em paz os passarinhos
Deixa em paz a mim!
Se me queres,
enfim,
tem de ser bem devagarinho, Amada,
que a vida é breve, e o amor mais breve ainda...

(*Nova antologia poética.* 11. ed. São Paulo: Globo, 2005. p. 115.)

knstartstudio/Shutterstock

Observe que, no poema, há quatro ocorrências de pronomes oblíquos átonos:

- Se tu **me** amas,
- ama-**me** baixinho
- Não **o** grites de cima dos telhados
- Se **me** queres,

Na segunda ocorrência, o pronome **me** foi empregado depois do verbo. Nas demais situações, os pronomes **me** e **o** foram empregados antes do verbo, a posição mais comum no português brasileiro.

Além dessas duas posições, os pronomes pessoais oblíquos átonos — **me**, **te**, **se**, **o(s)**, **a(s)**, **lhe(s)**, **nos** e **vos** — podem aparecer também no meio do verbo. Veja:

Eu amar-**te**-ia se me deixasses em paz.

Colocação pronominal é a maneira como se dispõem os pronomes pessoais oblíquos átonos em relação ao verbo.

As posições do pronome pessoal oblíquo átono em relação ao verbo ao qual ele se liga denominam-se:

- **ênclise:** quando é colocado **depois** do verbo;
- **próclise:** quando é colocado **antes** do verbo;
- **mesóclise:** quando é colocado **no meio** do verbo.

Atualmente, no português do Brasil, principalmente na língua falada, mas também em alguns textos escritos, sobretudo quando se pretende reproduzir a fala, ou quando se deseja uma linguagem mais descontraída, a próclise é a forma mais utilizada na grande maioria das situações de colocação dos pronomes oblíquos átonos, mesmo quando estes são utilizados após a vírgula ou em início de frase.

Maria Helena de Moura Neves, uma importante linguista brasileira, explica em seu livro *A Gramática do português revelada em textos* que, diferentemente do que ocorre em Portugal, a questão da colocação dos pronomes átonos é polêmica no português do Brasil porque na fala dos brasileiros esses pronomes não são pronunciados de forma átona, como no português europeu. Eis a razão de iniciarmos frases com pronomes classificados como átonos: em nossa pronúncia brasileira, eles têm peso fonético, isto é, são pronunciados de forma tônica.

É fácil perceber esse fenômeno em canções que contêm tais construções, como "Me abraça", de Roberto Moura e Jorge Xaréu, regravada em 2018 pela dupla Anavitória, que já no título faz uso da próclise em começo de frase, além de repetir essa construção em diversos outros versos:

Me abraça e me beija
Me chama de meu amor
Me abraça e deseja
Vem mostrar pra mim o seu calor (2x)
Eu vejo em seus braços
Um laço perfeito
Me dá essa chance meu bem, me veste de beijos
Me dá essa chance meu bem, me cobre de beijos

(Disponível em: https://www.youtube.com/watch?v=iGSF8Fhgt1g. Acesso em: 8/8/2023.)

Agora, leia este poema de Marina Colasanti:

Branca alada

A garça
se alça
da água
do açude,
o toque
de leite
das asas
se eleva
com graça,
e passa.

Elliotte Rusty Harold/Shutterstock

(Marina Colasanti. *O nome da manhã* (*e-book*). Global Editora, São Paulo: 2015.)

Perceba que os dois pronomes oblíquos átonos são colocados em posição de próclise: "A garça se alça"; "o toque de leite das asas se eleva".

No quadro a seguir estão resumidas as regras de colocação pronominal segundo a gramática normativa.

Usa-se ênclise	Usa-se próclise	Usa-se mesóclise
Quando se inicia uma frase e após vírgula: Sente-**se** aqui perto de mim. Ao tentar chegar mais cedo, atrasei-**me**.	Quando antes do verbo há palavras que exercem atração sobre o pronome, desde que não venham antes de vírgula. Exercem atração sobre o pronome: • palavras de sentido negativo (**não**, **nunca**, **jamais**, **ninguém**, **nada**, etc.): Ninguém **me** falou antes. • advérbios ou locuções adverbiais não seguidos de vírgula: Meio-dia em ponto **me** telefonou. • pronomes indefinidos e interrogativos: Quem **te** contou essa história? • pronomes relativos: A pessoa que **me** ajudou era muito educada e simpática. • conjunção subordinativa. Quando **nos** viu, veio correndo feliz em nossa direção.	Quando o verbo se encontra no futuro do presente ou no futuro do pretérito, desde que não haja condição de próclise: Emprestar-**lhe**-ei o carro amanhã. Emprestar-**lhe**-ia o carro se você fosse mais responsável.
Observações: 1. Havendo a vírgula depois da palavra atrativa, há condição de ênclise: Não, disseram-**me** todos quando precisei. 2. Emprega-se próclise também nas orações optativas (que exprimem desejo): Deus **te** ajude!		**Observação:** Havendo condição de próclise, teríamos: Não **lhe** emprestarei o carro. Jamais **lhe** emprestaria o carro.

Exercícios

Leia este meme e responda às questões 1 e 2.

Jucadima/Shutterstock

(Disponível em: https://www.criarmeme.com.br/meme/72297. Acesso em: 24/7/2023.)

1. O meme estabelece diretamente um diálogo com seu leitor.

a) Que termos explicitam esse diálogo? Justifique sua resposta.

b) O meme contrapõe duas palavras que podem ser antônimas entre si. Quais são elas?

c) Na construção de humor do meme, é explorada a ambiguidade, isto é, o duplo sentido de uma das palavras indicadas por você no item **b**. Identifique a palavra e explique a ambiguidade.

2. No meme, há uma ocorrência de próclise e uma de ênclise em construções similares.

a) Identifique-as e indique qual está em acordo e qual está em desacordo com a norma-padrão, justificando sua resposta com base nas regras que aprendeu.

b) Faça uma inversão nas construções proclítica e enclítica empregadas no meme. Depois, troque ideias com os colegas e o professor e conclua: A alteração nessas estruturas modifica o sentido do texto? Explique.

c) Além de produzir humor, o meme contém uma crítica. O que ou quem ele critica?

Leia a seguir um trecho do texto "Zaptiqueta", de Antonio Prata, e responda às questões 3 a 5.

Já que estamos viciados nos celulares e autocondenados a arrastá-**los** por aí como as bolas de chumbo dos prisioneiros nas histórias em quadrinhos, é mister entrarmos num acordo sobre algumas mínimas normas de etiqueta. Não **me** refiro aos trolls do Twitter, aos ogros da dark web [...] Falo aqui das pessoas de bom coração que, por falta de um protocolo, atrapalham-**se** com os talheres do WhatsApp.

Filipe Rocha/Acervo da editora

Mensagem de voz, por exemplo. Há quem queira proibi-**la**. Minha irmã fica revoltada com quem manda [...]. Meu amigo Sérgio tem como legenda do WhatsApp: "Não ouço áudio". [...]

Sou menos radical quanto às mensagens de voz. Acho que têm seu lugar. Num grupo de trabalho, para fazer comentários urgentes. Se estou na feira e a minha mulher escreve perguntando cadê a chave reserva do carro e eu tenho que dar umas doze possibilidades de onde posso tê-**la** deixado. Quando se está dirigindo. (Embora eu desconfie que 67% dos brasileiros que começam o áudio dizendo "Desculpa o áudio, é que eu tô dirigindo" estão na verdade deitados no sofá.) Fora dessas situações excepcionais, áudio é um abuso. É quase como condenar alguém a assistir a um filme que dura o tempo que levou para ser produzido. [...]

Mãe: quando você começar a responder uma mensagem e desistir no meio, apague-**a**. Senão eu fico olhando praquele "digitando..." na tela por sete horas, até perceber que você foi fazer outra coisa da vida e já são quatro da manhã e eu não jantei e nem tomei banho e nem fui pra cama e vou precisar de um quiroprata pra curar meu torcicolo. [...]

(Disponível em: https://www1.folha.uol.com.br/colunas/antonioprata/2019/11/zaptiqueta.shtml. Acesso em: 27/7/2023.)

3. Observe o título do texto, "Zaptiqueta".

a) Qual é a relação dele com o conteúdo do texto?

____

____

____

b) No trecho lido, quais regras o autor do texto sugere que sejam criadas?

____

____

____

____

4. Para construir o texto, o autor utiliza vários pronomes oblíquos, destacados no trecho em estudo.

a) Como você já sabe, os pronomes contribuem para a coesão de um texto. Identifique os referentes de cada pronome destacado no trecho.

b) Veja a seguir duas possibilidades de emprego da colocação dos pronomes oblíquos e encontre no texto um exemplo de cada.

- Quando o verbo principal de uma locução verbal está conjugado no particípio, o pronome oblíquo conecta-se em ênclise ao verbo auxiliar:

- Quando há uma forma infinitiva precedida de preposição é comum haver ênclise.

c) Reescreva a frase "Há quem queira proibi-la", empregando outras possibilidades de colocação pronominal. Em seguida, troque ideias com os colegas e o professor e deduza: Por que o autor optou por essa forma no texto em estudo?

d) Classifique as demais ocorrências em destaque. Elas estão de acordo com as regras da norma-padrão? Justifique sua resposta.

5. Troque ideias com os colegas e o professor: Por que o texto em estudo faz a colocação pronominal tal como você analisou nas questões anteriores?

6. Veja a seguir a capa de um livro do jornalista Maurício Kubrusly e o logotipo de um *podcast* do jornal *O Estado de S. Paulo.*

Reprodução/Editora Globo

Se Liga no Vestibular/Estadão

(Disponível em: https://brasil.estadao.com.br/blogs/estadao-podcasts/se-liga-no-vestibular-episodio-de-estreia-do-podcast-da-dicas-sobre-o-1o-dia-do-enem/. Acesso em: 8/8/2023.)

(Disponível em: https://www.amazon.com.br/Me-Leva-Brasil-Maur%C3%ADcio-Kubrusly/dp/8525040541. Acesso em: 8/8/2023.)

a) Como foi feita a colocação pronominal nesses dois textos?

b) Troque ideias com os colegas e o professor e levante hipóteses: Por que a colocação foi feita dessa forma nesses contextos?

A colocação pronominal
NA CONSTRUÇÃO DO TEXTO

Leia este poema, de Lucão:

Fome

Amo-te
Com a mesma
Necessidade
De quem come.
Te amar
É minha
Fome

(*In*: *Telegramas*. São Paulo: Saraiva, 2016. p. 45.)

Filipe Rocha/Acervo da editora

1. O eu lírico se dirige diretamente a um interlocutor.

a) Que palavra do texto é utilizada para fazer essa referência direta ao interlocutor?

b) Quem é esse interlocutor no contexto do poema?

2. O título do poema é também a sua última palavra, "Fome".

a) Que tipo de relação o eu lírico estabelece entre a fome e o seu amor?

b) O que essa relação sugere sobre o amor que ele sente?

3. O poema contém duas construções com pronome oblíquo átono.

a) Identifique-as e classifique-as quanto à posição do pronome em relação à forma verbal.

b) Essas formas de colocar o pronome oblíquo seguem as regras da norma-padrão? Justifique sua resposta.

c) Como falante do português brasileiro, você acha alguma dessas construções estranha? Você faz a colocação pronominal dessa forma em seus textos, orais e/ou escritos?

SEMÂNTICA E DISCURSO

Leia os memes a seguir e responda às questões 1 a 3.

Javier Brosch/Shutterstock

SikorskiFotografie/Shutterstock

1. Você já sabe que memes são textos informais com efeito humorístico que circulam pelas redes sociais. Relacione as partes verbal e não verbal dos memes lidos e responda:

a) O conteúdo verbal dos dois memes são similares ou antagônicos? Justifique sua resposta.

b) As imagens que compõem os dois memes são similares ou antagônicas? Justifique sua resposta.

c) Explique a relação de sentido entre imagem e texto verbal em cada um dos memes.

2. Observe a colocação pronominal feita nos memes.

a) Identifique as ocorrências de pronome oblíquo átono e classifique-as quanto à posição do pronome em relação à forma verbal.

b) Essas formas de colocar o pronome oblíquo seguem as regras da norma-padrão? Justifique sua resposta.

c) Uma dessas formas de colocação pronominal é considerada pouco comum no português do Brasil. Qual é ela? Como falante do português brasileiro, essa construção soa estranha para você?

3. Troque ideias com os colegas e o professor e responda:

a) Por que os memes analisados utilizam uma construção típica da norma-padrão, com uma forma de colocação pronominal considerada pouco comum no português do Brasil?

b) Que outras expressões do português brasileiro utilizam essa mesma forma de colocação pronominal e são comuns na fala dos brasileiros?

Leia a seguir trechos de notas veiculadas em grandes portais da internet e responda às questões 4 a 7.

I.

Tati Quebra-Barraco esperou por mais de três horas para se apresentar no bloco "Cerveja & Cia" de Ivete Sangalo, como não a chamaram, "se irritou-se" e "se mandou-se"...

(Disponível em: https://www.bonde.com.br/colunistas/perdido-na-overdose-carnavalesa-61319.html. Acesso em: 10/7/2023.)

II.

Um dia antes da partida contra a Venezuela, marcada para esta terça (5), às 20h30, em Buenos Aires, o técnico Jorge Sampaoli se irritou-se com a imprensa.

(Disponível em: https://www1.folha.uol.com.br/esporte/2017/09/1915797-sampaoli-nega-atrito-com-messi-apos-empate-com-uruguai-em-montevideu.shtml. Acesso em: 10/7/2023.)

III.

O deputado Sandes Júnior disse estar "surpreso e indignado" com a inclusão de seu nome na lista.

"Não conheço nem mesmo nunca tive qualquer contato com o doleiro Alberto Youssef muito menos com o ex-diretor de abastecimento da Petrobrás, Paulo Roberto Costa. Com a consciência tranquila, me coloco-me à disposição para a investigação, que será esclarecedora para a verdade dos fatos", afirmou.

(Disponível em: https://www.gazetadopovo.com.br/vida-publica/dois-deputados-investigados-integram-cpi-da-petrobras-na-camara-0pjwajsw809dmzjgu7hmeqz75/. Acesso em: 10/7/2023.)

4. Há nos três trechos um emprego bastante particular da colocação pronominal.

a) Identifique-o e explique como ele ocorre.

b) Esse emprego é previsto pela norma-padrão?

5. Os três trechos fazem um uso diferenciado dessa estrutura entre si. Observe o emprego das aspas nos trechos I e III.

a) Em qual deles as aspas põem essa construção em destaque?

b) O que o uso das aspas indica no outro trecho?

c) Troque ideias com os colegas e o professor e conclua: Que sentido o uso desse sinal de pontuação associado a essas estruturas constrói em cada um dos trechos?

6. Levante hipóteses: Por que a colocação pronominal foi feita dessa forma no trecho II?

7. Troque ideias com os colegas e o professor: Que efeito de sentido esse emprego do pronome oblíquo constrói nas expressões analisadas?

PARA ESCREVER COM adequação

Estrangeirismos

Leia o texto a seguir.

O uso dos estrangeirismos

Quando o assunto são os estrangeirismos, é briga na certa. Metade a favor, metade contra.

Como eu mesmo já disse várias vezes, é muito difícil ser moderado nesta terra. Consegue-se desagradar aos dois lados.

Os puristas radicais querem que eu assuma uma posição mais firme contra a invasão de termos ingleses. Chegam a propor leis como a que existe na França, que proíbe o uso de termos estrangeiros.

[...]

Uma leitora que é contra o uso excessivo dos anglicismos criou, com muita ironia, um convite cheio de palavras e expressões inglesas tão usuais entre nós.

Rubens Chaves/Pulsar Imagens

Por falta de espaço, vou reproduzir apenas alguns trechos do texto:

"Faço um convite a todos que amam a língua portuguesa [...] passarmos um *weekend* juntos em qualquer *point* [...] na praia, [...] assistir a um jogo de *beach soccer* [...] beber um *ice tea*. [...] ler no jornal o que há de novo no setor de *business* ou ler a coluna de alguma *socialite* [...] e saber o que está *in* ou *out* no momento. Na hora do almoço, uma comidinha *light*, com um refrigerante *diet* [...]

ao lavar as mãos, não esqueça que *push* é empurre [...] e na hora da conta pagar *cash* em vez de usar *ticket*. Após [...] no carro com *air bag*, parar num *self service* e aproveitar o *oilexpress* [...]. Iremos a um *shopping* [...] assistiremos a um filme com *happyend* [...] comeremos um *hot dog*... [...]"

Não é preciso um esforço sobrenatural para comprovarmos a abusiva presença de palavras inglesas na nossa linguagem cotidiana. Algumas são inevitáveis e consagradas como *topless*, *show* e *marketing*. A maioria, entretanto, é puro modismo.

Impossível é criar uma regra. É muito subjetivo. Que palavras ou expressões estrangeiras são aceitáveis? Quais devem ser traduzidas? [...] *Shopping* ou centro comercial? *Know how* ou "conhecimento"? *Topless* ou "???"? E quais devem ser aportuguesadas? *Black out* ou blecaute? *Layout* ou leiaute? *Stress* ou estresse? *Air bag* ou "erbegue"? *On-line* ou "onlaine"?

Não vejo uma solução definitiva. É briga na certa.

Por isso tudo, mantenho a minha posição moderada. Nada de radicalismos. Cada caso merece uma análise individual.

Em geral adoto o seguinte critério: 1º) se for possível, a tradução: futebol de areia (beach soccer), autoatendimento (self service); 2º) se for possível, o aportuguesamento: blecaute, estresse; 3º) se não for possível traduzir nem aportuguesar, a palavra estrangeira é bem-vinda: *dumping*, *ranking*, *software*, *marketing*...

[...]

(Sérgio Nogueira. Disponível em: http://g1.globo.com/educacao/blog/dicas-de-portugues/post/entenda-os-argumentos-a-favor-e-contra-o-uso-de-estrangeiros.html. Acesso em: 14/7/2023.)

1. O autor do texto põe em discussão o uso de estrangeirismos na língua portuguesa.

a) De que língua são os termos estrangeiros usados por falantes de língua portuguesa dados como exemplo no texto?

____

b) Que palavra é usada pelo autor do texto para se referir a termos especificamente dessa língua?

____

c) Levante hipóteses: Por que essa língua é a mais adotada quando se usa um estrangeirismo?

____

____

2. O autor afirma que o tema **estrangeirismos** desperta brigas.

a) Por que isso acontece, segundo ele?

____

____

b) Qual é a posição do autor sobre o uso de estrangeirismos?

____

3. O autor afirma que na França há uma lei que proíbe o uso de termos estrangeiros. Qual é a sua opinião sobre esse tipo de lei? Você acha que ela seria eficaz no Brasil?

---

4. Releia o trecho em que o autor reproduz o convite de uma leitora.

a) Discuta com a turma: Que termos estrangeiros são familiares a vocês? Quais costumam usar?

b) Quais termos estrangeiros não têm substitutos na língua portuguesa ou, se têm, são muito pouco utilizados?

---

c) E quais poderiam ser facilmente substituídos por um termo em língua portuguesa? Dê as opções em língua portuguesa dos termos selecionados.

---

d) Imagine situações do dia a dia nas quais você utiliza algumas das palavras indicadas no item **c**. Em seguida, troque ideias com os colegas e o professor: Que alterações de sentido acarretam as substituições feitas por você utilizando palavras em língua portuguesa?

5. As palavras *light* e *diet* poderiam ser substituídas por quais expressões da língua portuguesa? Por que, nesses casos, as palavras em inglês são mais comuns que a possível substituição? Troque ideias com os colegas e o professor.

Rodrigo Fernandes/Photo Fala

6. Alguns estrangeirismos citados como exemplos no texto mantêm a sonoridade, mas podem ter a forma gráfica adaptada à convenção ortográfica da língua portuguesa.

a) Identifique esses termos.

---

b) Quais dessas formas gráficas são familiares a você? Quais parecem estranhas?

---

7. Releia o seguinte trecho:

> "Não é preciso um esforço sobrenatural para comprovarmos a abusiva presença de palavras inglesas na nossa linguagem cotidiana. Algumas são inevitáveis e consagradas como *topless*, *show* e *marketing*. A maioria, entretanto, é puro modismo."

a) No trecho, há dois períodos formados por verbo de ligação e predicativo do sujeito. Identifique-os e responda: Qual é o verbo de ligação usado? Em que tempo e modo verbais está empregado?

b) Como essas construções com verbos de ligação caracterizam as palavras estrangeiras? O autor do texto constrói essa caracterização como uma certeza ou uma possibilidade?

c) Se o verbo de ligação empregado fosse **parecer**, qual seria o efeito de sentido da caracterização das palavras estrangeiras?

d) Qual é o termo utilizado pelo autor para avaliar a presença de palavras inglesas por brasileiros?

e) Considerando suas respostas aos itens anteriores, conclua: A avaliação feita pelo autor é apresentada textualmente de forma pessoal ou impessoal? Justifique sua resposta.

8. Ao longo do texto, o autor emprega algumas conjunções que cumprem um importante papel na construção da coesão textual. Releia estas frases do texto:

- "Como eu mesmo já disse várias vezes, é muito difícil ser moderado nesta terra."
- "Algumas são inevitáveis e consagradas como *topless*, *show* e *marketing*."
- "Por isso tudo, mantenho a minha posição moderada. Nada de radicalismos."
- "se não for possível traduzir nem aportuguesar, a palavra estrangeira é bem-vinda: *dumping*, *ranking*, *software*, *marketing*..."

a) Identifique e classifique as conjunções presentes nessas frases, de acordo com seu valor semântico.

b) Considerando o papel dessas conjunções como elementos articuladores da coesão textual, estabeleça relações entre essas conjunções e a argumentação feita pelo autor.

9. O autor do texto afirma que tem um critério para avaliar a adequação do uso de um termo estrangeiro.

a) Qual é esse critério?

b) Você concorda com o critério proposto pelo autor?

O texto que você leu discute e exemplifica o uso de termos de língua estrangeira, mais especificamente do inglês, em textos em língua portuguesa. Empréstimos de vocábulos de uma língua estrangeira são chamados de **estrangeirismos**.

O fenômeno se dá com todas as línguas e acontece espontaneamente: por necessidades comunicativas e razões culturais, termos de outras línguas passam a ser usados por falantes brasileiros. Muitas vezes, o uso de termos estrangeiros se faz necessário porque não há uma palavra correspondente em língua portuguesa. Com o tempo, alguns estrangeirismos, de tão usados, são incorporados ao vocabulário da língua e aportuguesados. Pela influência francesa no Brasil do início do século XX, por exemplo, incorporamos algumas palavras do francês, como *abajur*, *balé*, *batom* e *sutiã*. Em um mundo cada vez mais globalizado, o inglês se tornou uma **língua franca**, principalmente porque é usado como a língua da internet e das novas tecnologias digitais.

Dependendo do contexto, dos interlocutores envolvidos e do gênero utilizado, o uso de um estrangeirismo pode ser pouco familiar para alguns falantes. Por exemplo, termos como *briefing*, *budget* ou *business plan* são rotineiramente usados em contextos corporativos, mas nem toda a população os conhece, como ocorre com palavras de língua portuguesa restritas a determinados grupos sociais. Assim como fazemos ao produzir qualquer texto, convém avaliar também o emprego dos estrangeirismos, considerando o conhecimento dos participantes, os objetivos da interação e o gênero textual em questão.

O que é língua franca?

Língua franca é uma expressão de origem latina para língua de contato ou língua de relação, isto é, um idioma usado por pessoas com diferentes línguas maternas que escolhem uma terceira para se comunicar. A importância do inglês como a língua franca é reforçada pelo fato de agências internacionais, como as Nações Unidas, fazerem uso dele como língua oficial ou de trabalho.

Exercícios

Leia o texto a seguir.

7 botas que são tendência no outono-inverno [...]

Western

A **bota western** já foi febre nos anos 2010 e voltou com tudo! E existem opções para diferentes gostos, viu? A tradicional marrom de camurça, a preta básica, a branca... Qual você prefere?

Metalizada

O prata e o dourado são um grande hit do momento e também chegam aos pés das fashionistas. Uma excelente pedida para deixar o visual mais chamativo e glamouroso!

Salto fino

A **bota de salto fino com cano que vai até o joelho** tem sido a queridinha das ruas há um tempo e deve continuar bombando. Vale combiná-la tanto com uma parte de baixo curta quanto longa, como uma saia cargo ou jeans. Que tal?

Chelsea de plataforma

A silhueta **chelsea** é um verdadeiro clássico que nunca sai de moda. Agora, ela chega com a sola de plataforma, que pode ser até tratorada, acrescentando um peso à produção.

Fivelas

As fivelas trazem um código rocker ao sapato e, em maior quantidade, garantem um resultado mais diferentão.

De montaria

Essa silhueta tradicional é outra que foi revisitada pela moda atual. Embora seja um tanto controversa, ela pode funcionar superbem em um look neutro de inverno.

Bico quadrado

A bota de **bico quadrado** é uma que adiciona uma pegada chique e elegante de forma instantânea, sem dispensar o lado moderno também.

E aí, qual desses sapatos é o seu preferido e vai aparecer nos seus looks de outono-inverno?

(Disponível em: https://capricho.abril.com.br/moda/modelos-de-bota-que-sao-tendencia-do-outono-inverno-2023. Acesso em: 24/7/2023.)

1. O texto sugere "tendências" para as estações outono e inverno.

a) Qual é o sentido da palavra **tendência** no título?

b) Que relação tem o artigo de vestuário explorado no texto e as estações citadas?

c) O veículo de comunicação que publicou o texto é brasileiro ou estrangeiro?

2. O texto apresenta vários estrangeirismos.

a) Identifique-os.

b) Discuta com os colegas: O emprego desses termos é pertinente, considerando o contexto em que foram utilizados, uma revista para adolescentes com temas como moda e comportamento?

c) Em sua opinião, algum ou alguns estrangeirismos indicados por você no item **a** poderia(m) ser substituído(s)? Se sim, qual (quais) e por qual (quais) palavra(s) em português?

d) Além dos estrangeirismos, o texto apresenta algumas gírias, palavras empregadas em sentido figurado ou termos típicos de situações informais de comunicação. Entre as opções a seguir, marque aquelas que se enquadram em uma dessas descrições:

☐ febre	☐ diferentes	☐ básica	☐ momento
☐ pés	☐ excelente	☐ pedida	☐ visual
☐ salto	☐ queridinha	☐ bombando	☐ curta
☐ clássico	☐ fivelas	☐ diferentão	☐ atual

e) Caso alguns estrangeirismos do texto fossem traduzidos para o português, ele ainda teria o mesmo sentido? O texto cumpriria sua finalidade comunicativa da mesma forma?

3. Os termos estrangeiros empregados no texto provêm de uma única língua ou de mais de uma língua? Qual é/Quais são ela(s)?

4. As palavras **silhueta** e **chique**, já incorporadas ao português, também têm origem em palavras estrangeiras. Troque ideias com os colegas e o professor e, se necessário, faça uma pesquisa em dicionários ou na internet e descubra: De que outra língua e de quais palavras elas se originam?

____

5. A palavra **fashionista** pode ser considerada um neologismo originário de uma palavra do inglês.

a) Que palavra é essa? Qual é o processo de formação de palavras utilizado para a criação dela?

____

____

b) Identifique, entre as opções a seguir, qual outra palavra do texto passou por processo semelhante.

☐ tradição ☐ glamouroso ☐ metalizada

c) Justifique sua escolha do item **b**, com base no processo de formação da palavra.

____

____

6. A palavra **tratorada** também deriva de uma palavra que tem origem etimológica no inglês. Deduza:

a) De qual palavra **tratorada** deriva?

____

b) Qual é o sentido da palavra **tratorada** no texto?

____

DIVIRTA-SE

© Laerte/Acervo da cartunista

BIBLIOGRAFIA

ANTUNES, Irandé. *Aula de português*: encontro & interação. São Paulo: Parábola, 2003.

AZEREDO, José Carlos. *Iniciação à sintaxe do português*. 9. ed. Rio de Janeiro: Zahar, 2007.

BAGNO, Marcos. *Preconceito linguístico*: o que é, como se faz. 2. ed. São Paulo: Loyola, 1999.

BAGNO, Marcos. *Português brasileiro*: um convite à pesquisa. São Paulo: Parábola, 2001.

BAGNO, Marcos. *Gramática de bolso do português brasileiro*. São Paulo: Parábola, 2013.

BAKHTIN, Mikhail. *Marxismo e filosofia da linguagem*. São Paulo: Hucitec, 1979.

BECHARA, Evanildo. *Moderna gramática portuguesa*. 37. ed. Rio de Janeiro: Lucerna, 2000.

BRASIL. Ministério da Educação. *Base Nacional Comum Curricular*. Brasília: MEC, 2018.

CUNHA, Celso. *Gramática da língua portuguesa*. Rio de Janeiro: MEC/Fename, 1972.

FÁVERO, Leonor; KOCH, Ingedore G. V. *Linguística textual*. 2. ed. São Paulo: Cortez, 1988.

FIORIN, José Luiz. *Elementos da análise do discurso*. 5. ed. São Paulo: Contexto/Edusp, 1996.

FRANCHI, Carlos; NEGRÃO, Esmeralda V.; MÜLLER, Ana L. *Mas o que é mesmo "gramática"?*. São Paulo: Parábola, 2006.

HOUAISS, Antonio. *Dicionário eletrônico da língua portuguesa 1.0*. São Paulo: Objetiva, 2013.

ILARI, Rodolfo. *A linguística e o ensino da língua portuguesa*. 4. ed. São Paulo: Martins Fontes, 1992.

ILARI, Rodolfo. *Introdução à semântica*: brincando com a gramática. São Paulo: Contexto, 2001.

ILARI, Rodolfo. *Introdução ao estudo do léxico*: brincando com as palavras. São Paulo: Contexto, 2002.

ILARI, Rodolfo; BASSO, Renato. *O português da gente: a língua que estudamos, a língua que falamos*. São Paulo: Contexto, 2006.

ILARI, Rodolfo; GERALDI, J. W. *Semântica*. 3. ed. São Paulo: Ática, 1987.

KOCH, Ingedore G. V.; TRAVAGLIA, Luiz C. *A coerência textual*. São Paulo: Contexto, 1991.

KOCH, Ingedore G. V.; TRAVAGLIA, Luiz C. *Texto e coerência*. 4. ed. São Paulo: Cortez, 1995.

MENDONÇA, Márcia. Análise linguística no ensino médio: um novo olhar, um outro objeto. *In*: BUNZEN, Clecio; MENDONÇA, Márcia. *Português no ensino médio e formação do professor*. São Paulo: Parábola, 2006. p. 199-226.

NEVES, Maria Helena de Moura. *A gramática*: história, teoria e análise, ensino. São Paulo: Editora Unesp, 2002.

NEVES, Maria Helena de Moura. *Gramática de usos do português*. São Paulo: Editora Unesp, 2011.

NEVES, Maria Helena de Moura. *Guia de uso do português*: confrontando regras e usos. São Paulo: Editora Unesp, 2003.

NEVES, Maria Helena de Moura. *Texto e gramática*. São Paulo: Contexto, 2006.

NEVES, Maria Helena de Moura. *A gramática do português revelada em textos*. São Paulo: Editora Unesp, 2018.

PERINI, Mário A. *Para uma nova gramática do português*. 3. ed. São Paulo: Ática, 1986.

PERINI, Mário A. *Gramática descritiva do português*. 2. ed. São Paulo: Ática, 1996.

SOUZA e SILVA, M. C.; KOCH, Ingedore G. V. *Linguística aplicada ao português*: sintaxe. 7. ed. São Paulo: Cortez, 1996.

TRAVAGLIA, Luiz Carlos. *Gramática*: ensino plural. São Paulo: Cortez, 2003.

TRAVAGLIA, Luiz Carlos. *Gramática e interação*: uma proposta para o ensino de gramática. São Paulo: Cortez, 2005.

TRAVAGLIA, Luiz Carlos *et al*. *Metodologia e prática do ensino da língua portuguesa*. 2. ed. Porto Alegre: Mercado Aberto, 1986.

VIEIRA, Sílvia R.; BRANDÃO, Silvia F. *Ensino de gramática*: descrição e uso. São Paulo: Contexto, 2007.

VYGOTSKY, L. S. *Pensamento e linguagem*. São Paulo: Martins Fontes, 1993.